U0655029

金毓平

秦淮夜谈

（第28辑）

秦淮区档案馆
秦淮区地志办
编著

吉林文史出版社

图书在版编目（CIP）数据

秦淮夜谈 / 秦淮区档案馆，秦淮区地方志办编著
. -- 长春 : 吉林文史出版社, 2022.11
ISBN 978-7-5472-9088-0

Ⅰ. ①秦… Ⅱ. ①秦… ②秦… Ⅲ. ①文化史－南京
－通俗读物 Ⅳ. ①K295.31

中国版本图书馆CIP数据核字(2022)第193073号

秦淮夜谈

QIN HUAI YE TAN

著　　者：秦淮区档案馆 秦淮区地方志办
责任编辑：董　芳
出版发行：吉林文史出版社有限责任公司（长春市福祉大路5788号出版集团A座）
www.jlws.com.cn
印　　刷：三河市嵩川印刷有限公司
版　　次：2023年3月第1版　2023年3月第1次印刷
开　　本：787mm × 1092mm　1/16
印　　张：8.75印张
字　　数：175千字
书　　号：ISBN 978-7-5472-9088-0
定　　价：35.00元

编委会名单

目　录

contents

人物春秋

白门往事

城南记忆

艺坛博闻

淮上杂谈

文史研究

史志资料

碑文点校

人物春秋

明初武定侯郭英

杨献文

明初有一处武定侯园，据朱姓考之，园址在毗卢寺一带。武定侯一名，容易使人产生联想和误解，如地名中武定门、武定桥、武定新村、武定新村小学等，以为这些地名是由此而来，因此挖掘武定侯史料以证之。

明代初期武定侯郭英，今天已不为人知晓。然而，他在明建朝之初是一位战功赫赫的人物。《明史》列传中，在所封异姓王和国公者之后，封侯者郭英排在第一位；功臣中武将大约排在第16位，在其兄郭子兴之前，可见其威名之显。其故宅在今秦淮区大香炉附近的小板巷，现已无存，需另研究和甄别。

戎马一生

郭英（约1342—1403），濠人，陕国公郭子兴之弟。累封巩县侯。初期，郭英随朱元璋征战，留在元帅帐为侍卫，号“郭四”。

早年从战。朱元璋起家于皖境，战事多在今日安徽、江西、湖北、江苏等地。郭英在朱元璋军中，参加过攻克滁州、采石矶、太平之战，又征战陈友谅于鄱阳湖，立有战功。朱元璋为奖励其战功，脱下战袍赐给他。在收取岳州、庐州、襄阳的战役中，敌方一骁将手持长槊直闯入阵前，朱元璋急呼郭英杀之。他果敢上阵，直取了敌将。战后被授以骁骑卫军衔，食千户，从此步入武将之路。复入皖北、苏北，攻下淮安、濠州、安丰等地，晋封指挥佥事职衔。之后，改从徐达率领的大军，参加定鼎中原的战争，后又跟从常遇春攻下太原。所率大军横扫千军如卷席，赶走元军扩廓，拿下兴州、大同之地，夺取西安、凤翔、巩昌、庆阳多处。西安乃秦以后数百年古都之地，属西北重镇。由此，郭英升为指挥副使。在攻克定西、登宁州战中，斩杀敌人首级二千级，晋升河南指挥使，成为军中高层指挥官。

主官任上。郭英担任军中高层指挥官后，按照惯例，也担任一地的镇守大员之职。他首次赴任的是绥地镇守，即今辽宁绥中。到任后，即刻发出布告，收辑逃亡之民，申明约束禁令。于是，躲避战争、逃难的百姓安定下来，境内社会秩序大治。明洪武九年（1376），移镇北平（今北京），为元朝大都重地。明洪武十三年（1380），奉命还都，晋升前军都督府佥事。明洪武十四年（1381），从颍川侯傅友德前往云南征战。他与陈恒、胡海两支军队将领分道攻击赤水河路（路，元朝地方一级行政机构名称），敌阵溃乱作禽鸟之散。复又合并阿容的军队，攻克曲靖、陆凉、越州关索岭和椅子背寨诸地，降服大理、金齿、广南，平定了诸山寨。明洪武十六年（1383），复从傅友德平定蒙化、邓川、金沙、丽江，前后斩敌首级一万三千级，生擒二千余人，收护身金甲数万，战船千余艘。明洪武十七年（1384），论平云南之功封武定侯，食禄二千五百石，给予世卷（即免死铁券）。此时郭英之官爵达到了巅峰。

侯爵岁月。郭英封侯之后，明洪武十八年（1385），朝廷给郭英加镇海将军衔，镇守今辽东地区。明洪武十九年（1386），随从大将军冯胜出攻金山，此一战降服敌首领纳哈，遂晋升征虏右副将军，随从蓝玉征战至捕鱼儿海，然后还朝。皇帝赐封厚重，并受遣还乡。次年，受诏命入京，掌典禁兵，掌管紫金城禁军兵权。在此职位上持续了十年，于明洪武三十年（1397），从征西将军耿炳文备边陕西，这应该是屯田防备战事再起。期间，平定沔县贼高福兴。之后，还京城受命。建文皇帝继位（399—1402）时期，跟从耿炳文、李景隆伐燕（今河北），无功而还。

永乐皇帝朱棣发动“靖难之役”后，推翻建文帝，坐上皇帝宝座。郭英遭罢官归第闲居。于明永乐元年（1403）逝世，年 61 岁，赠营国公，谥号威襄。

《明史》记，郭英孝友，通晓书史，统率军队有纪律，以忠君谨慎，得太祖朱元璋亲近，又以妹妹受封宁妃故，受恩宠，诸功臣莫敢比之。

家世及后嗣

郭英幼年，处于元朝末期。当时农民起义烽火四起，朱元璋趁势而起，成为一支劲旅。《明史·后妃传》载：郭英之父，郭山甫，善于相人之术，即帮人看相。明太祖朱元璋微时，过其家，郭父为其看相，大惊，说“公相贵不可言”！又对自己儿子郭子兴、郭英说，吾看汝辈皆可封侯。随即遣送二子跟从太祖朱元璋渡江，攻占六朝故都、江南重镇集庆（今南京）。同时，遣送女儿郭氏侍奉太祖。后来，太祖封郭氏为宁妃。开国马皇后逝世，李淑妃统摄六宫。不久，李淑妃逝世。宁妃继掌六宫。因此，其父郭山甫受赠营国公之爵位。

郭英之妹封宁妃，应该说亦得助于开国高皇后马氏。马氏，原为郭英之兄郭子兴养女，即民间俗称马娘娘者。元末，郭子兴起家时，据有濠州之地，称“元帅”。马氏之父马公、母郑媪，宿州人，早逝。马公平素与郭子兴交好，遂以未成年之女马氏，托付郭子兴扶养。马公逝后，郭子兴养育马氏如自己女儿。此时，太祖朱元璋为郭子兴部下，然而郭子兴甚重其胸襟和才能，故以养女马氏归太祖。马氏喜好书史，仁慈有智，助太祖定鼎天下。明洪武元年（1368），太祖即帝位封马氏为皇后。明洪武十五年（1382），马氏患疾逝世，年 51 岁，领后宫长达 15 年之久。太祖誓此后不再立皇后。

郭英与兄郭子兴，得马皇后和宁妃之缘，又战功硕硕，故当封侯。然而，高皇后马氏以天下为重，当太祖朱元璋欲访高皇后族人，封官荫子，皇后感谢而拒绝说：“爵私外家，非法”，至此而止。皇帝对群臣称赞其贤同于唐朝长孙皇后。

后宁妃统摄六宫，恩及后嗣，势倾朝野。郭英有子 12 人，女 9 人。朝廷迁都，郭氏乃迁居北京。其长子婚配永嘉公主，三子任中军右都督。女二人为辽郢王妃，孙女为明仁宗贵妃。子子孙孙，侯爵一位传至明代崇祯皇帝末期，在农民起义战争中没落。

东篱门园话何点

濮小南

东篱门园，位于冶城西南，因地近东晋西州城之东门，故名。《客座赘语》卷五："东篱门园，梁何点所寓，内有卞忠贞冢，即今冶城西地。"园内花树繁茂，冈垅回合，因六朝齐梁间名士何点寓居其处而名著于史。

何点（437—504），字子晳，庐江灊（今安徽霍山）人。祖父何尚之（382—460），字彦德，南朝刘宋大臣，官至侍中、左光禄大夫、司空、开府仪同三司，兼领中书令。父亲何铄（？—447），曾官宜都（今湖北宜都）太守，素有癫疯之疾（间歇性精神病）。元嘉二十四年（447），发病，无故杀妻，按律坐法被诛。其时，何点十一岁，遭此父母双亡之大不幸，他痛不欲生，精神几乎崩溃。及至弱冠成年，深感家祸如此，发誓永不婚娶、永不为官。其祖何尚之坚持为之聘琅琊王氏女，彩礼婚约定毕，将要举行婚仪，何点跪求其祖，希望满足自己的誓言，说到动情之处，号啕大哭不已。何尚之见状，只得作罢，以遂其本志。

年轻时的何点，容貌方雅，博通群书，极善谈论。其家族亲戚有很多都是位居高官的贵仕，在当时属于上流阶层，但是，何点从不与他们联系，更不会登门拜访，而是独自遨游人世间。他经常束发不簪，宽衣不带，脚穿草鞋，驾驱牛车，恣心随意于建康的巷陌之间，致醉而归。京城的士大夫都非常倾慕他自由自在的行为，称其是大隐于市的"通隐"。其兄长何求（433—489），也是一名高士，隐居在吴郡（今江苏苏州）虎丘山。（齐）永明七年（489），何求病逝，何点闻讯痛彻心脾，即时断荤腥，不饮酒，三餐茹蔬，讫于三年，衣裳渐宽，腰带减半。可见手足之情，刻骨铭心。

（宋）泰始七年（471），宋明帝刘彧（439—472）征其为太子洗马；（齐）建元元年（479），齐高帝萧道成（427—482）累征其为中书郎、太子中庶子。何点

一无所动，并不就征，依然故我。虽不入仕为官，然其与陈郡谢瀹［谢瀹（454—498），字义洁，陈郡阳夏（今河南太康）人。仕南朝萧齐，官至中书侍郎、吏部尚书、太子詹事等］、吴国张融［张融（444—497），字思光，吴郡（今江苏苏州）人。历仕宋、齐两朝，官至黄门郎、太子中庶子、司徒左长史等］、会稽孔稚珪［孔稚珪（447—501），字德璋，会稽山阴（今浙江绍兴）人。仕南朝萧齐，历官尚书殿中郎、御史中丞、太子詹事等］等三人，为莫逆之交，相知最深。何点在建康的宅邸，位于京师冶城西侧的东篱门园内，系其堂弟何遁（生卒不详）所赠。屋宇由其好友孔稚珪负责修建，园内有卞忠贞墓冢［卞壸（281—328），字望之，济阴冤句（今山东菏泽）人。东晋名臣，官至吏部尚书、领军将军、尚书令等。咸和三年（328），苏峻叛乱，奋斗平定，以身殉国。赠：侍中、骠骑将军、三府仪同三司，谥：忠贞。葬冶城山即今朝天宫西侧］。何点在卞壶墓四周遍植花卉，每次在花间饮酒，都举着酒杯，意为相邀卞忠贞对饮，并将琼浆洒酹冢畔。《梁书》卷五十一：“（点）从弟遁，以东篱门园居之，稚珪为筑室焉。园内有卞忠贞冢，点植花卉于冢侧，每饮必举酒酹之。”旁若无人，放旷豁达，名士作派，堪称极致。

齐建元初（479），褚渊［褚渊（435—482），字彦回，河南阳翟（今河南禹州）人。历仕南朝宋、齐，官至司徒、司空、骠骑将军，封南康郡公。卒赠：太宰、侍中、录尚书事。谥：文简］、王俭［王俭（452—489），字仲宝，琅琊临沂（今山东临沂）人。南朝齐名臣，官至太子少傅、中书监。（齐）永明七年（489）卒，时年三十八岁。赠：太尉、侍中，谥：文宪］二人先后为宰相。何点在与朋友们谈及此事时说：“我作《齐书》，赞云：渊既世族，俭亦国华；不赖舅氏，遑恤国家。”充分表达了对褚、王二人家世才华的赞许和宗族裙带的轻蔑。王俭听说后，想登门造访，商榷各自的观点，终因何点固执拒见而作罢。豫章王萧嶷［萧嶷（444—492），字宣俨，南朝齐宗室，封豫章郡王。历任尚书令、扬州牧、太尉公、大司马、中书监等要职，齐永明十年（492）卒，赠：假黄钺、都督中外诸军事、丞相、太傅，谥：文献］命车驾直接赴东篱门园造访，何点匆忙从后门逃遁，避至位于覆舟山的家庙法轮寺（即今南京北京东路九华山玄奘寺），遂使萧嶷造访落空。竟陵王萧子良［萧子良（460—494），字云英，南朝齐宗室，封竟陵郡王。历任丹阳尹、司徒、尚书令、扬州刺史、中书监、太傅等。延兴元年（494）卒，时年三十五岁。赠：假黄钺、侍中、都督中外诸军事、太宰、大将军，谥：文宣］听说此事，则轻车简从，亲自前往法轮寺拜见何点。《南朝佛寺志》卷上："法轮寺在覆舟山下，亦何尚之所造也。寺成，请释志道居之。至齐时，何点以其为家寺，常居于是，竟陵文宣王就见之。"何点见此情形，无法推辞，只得角巾素衣登席相见。二人唔谈甚洽，萧子良欣悦无已，十分高兴。得知何点嗜酒成性，立即派人将自己珍藏的"嵇叔夜酒杯"［嵇康（224—263），字叔夜，谯国铚县（今安徽濉溪）人。三国曹魏时，官拜郎中，授中散大夫。（曹魏）景元四年（263），被司马昭诛杀，时年四十岁。博览群书，广习诸艺，为"竹林七贤"之一］和"徐景山酒铛"［徐邈（172—249），字景山，燕国蓟（今天津蓟县）人。三国曹魏名臣，历官尚书郎、陇西太守、谯国相、安平太守、颍川典农中郎将、赐爵关内侯，迁抚军大将军军师、凉州刺史、持节、领护羌校尉。（曹魏）正始元年（240）还朝，任大司农、司隶校尉、光禄大夫、司空等。（曹魏）嘉平元年（249）卒，时年七十八岁，谥：穆侯］两件古董酒具取来，赠送给何点，也算是宝剑赠英雄，佳器配高士，物得其所矣。

何点年轻时曾患渴痢症（即今糖尿病），积岁不愈，后在吴中石佛寺（位于今江苏苏州吴中区上方山）讲经时，于讲所小憩午睡，昼梦一道貌非常之人，授丸药一掬，梦中服之，从此病去无恙，时人以为是何点淳德所至，其实乃病愈后的一种说辞而已。何点性格通脱，好施舍，亲朋好友赠送的财物，一无所藏，随时散尽。曾经驾车行经朱雀门街（今南京马道街西端），有一小偷从车后盗走何点脱置车上的外衣，他明明看见也不指斥，任其窃取。路旁行人见状群起擒贼，将衣服交还何点。他反而拽住盗贼，执意将衣服赠送，小偷连连讨饶，哪敢接受。何点抓住小偷的手说："你若不拿走，我马上扭送你到官府治罪。"小偷听到此话不敢再拒，只得拿着衣服，在何点的催促声中落荒而逃。

何点风雅善鉴，辨识人伦，多所甄拔。在梁司空从事中郎丘迟［丘迟（464—508），字希范，吴兴乌程（今浙江湖州）人。八岁能文，辞采逸丽，亦擅诗。初仕南齐，官至殿中郎、车骑录事参军。后入萧衍幕府，为其所重，梁代齐一应劝进文书均出丘迟之手。历官永嘉太守、中书郎、司空从事中郎。（梁）天监七年（508）卒于官，时年四十五岁，有《丘司空集》］还是幼童时，何点就认定其长

大必能成才；对江南才子江淹［江淹（444—505），字文通，济阳考城（今河南民权）人。六岁能诗，家素贫寒，历仕南朝宋、齐、梁。仕宋，为巴陵王国左常侍；仕齐，累官至御史中丞、吏部尚书；仕梁，任散骑常侍、左卫将军，初封临沮县开国伯，继封醴陵侯。（梁）天监四年（505）卒，时年六十二岁，谥：宪伯。有《江淹集》存世］年轻未官落泊困窘的境况下，何点肯定其不久即成大器。二人后来的成长经历全都验证了何点预言的高度准确。

老年时的何点，寂寞无依，复娶鲁国孔嗣（生平无考）之女，相传孔嗣也是一名隐者。何点虽结婚，但不与其妻相见，而是另外筑屋以居之。当时人们都不明白他这样做是什么意思，其实就是何点老年孤独又恐人议晚景凄凉，故意示人已有家室而设置的一种自我安慰形式。他的好友张融年轻时曾一度免官，可其作诗依然是十分"高大上"的套话，何点非常反感，随即写诗讽刺，曰："昔闻东都日，不在简书前。"意思是：你已经不在官位，就不要说官话啦。虽然是笑言，但张融一直耿耿于怀。等到几十年后，何点老年结婚，张融不忘前嫌，写诗反唇相讥，曰："惜者何居士，薄暮遘荒淫。"意思是：可惜何居士啊，晚节不保还留恋男女私情。显然是调侃，何点尽管十分厌恶，却也无法解释，只得作罢了之。

（齐）永元二年（500）三月，平西将军崔慧景［崔慧景（438—500），字君山，清河武城（今河北故城）人。南朝齐名将，起家员外郎，历任长水校尉、护军将军、度支尚书、侍中等。（齐）永元元年（499），东昏侯萧宝卷（483—501）即位，朝纲混乱，滥杀功臣将相。慧景见状，遂生叛意。翌年（500），率部围攻建康，兵败被诛，时年六十三岁。］率军围困京邑，建康城内，家家有粮无薪，难成其炊。何点见此情形，将东篱门园内的树木全部砍伐成柴，悉数散发给亲朋及四周庶民，以解众人燃眉之急。崔慧景生性好佛，非常仰慕并想结交佛性深厚的何点，却一直得不到何点的允顾。至此乃命人逼召其出城相见，面对来人，何点毫无惧色，毅然将衣裙撕裂裹成裤腿，径赴崔慧景大营。二人相见，谈吐默契，终日语佛，不及军事。及至慧景兵败被诛，东昏侯迁怒何点，决意加罪诛之。吴兴太守王莹［王莹（？—516），字奉先，琅玡临沂（今山东临沂）人。初尚宋临淮公主，拜驸马都尉。仕齐，官从事中郎、东阳太守、吴兴太守。入梁，历任中书监、丹阳尹、尚书令、左光禄大夫、侍中、开府仪同三司，封建城县公。］闻讯，焦急万分，专门为其求助太常卿萧畅［萧畅（？—501），字季达，梁武帝萧衍四弟。仕齐位太常，封江陵县侯，中兴元年（501）卒。天监元年（502），追赠：侍中、骠骑大将军、开府仪同三司，封衡阳郡王，谥曰：宣。］，让其想办法营救。萧畅觉得只有找东昏近侍弄臣茹法珍［茹法珍（？—501），会稽（今浙江绍兴）人，南朝齐东昏侯近侍弄臣，官制局监。甚受宠信，权过人主，东昏呼为“阿丈”，封馀干县男。梁武帝萧衍代齐，诛之。］，请其代呈东昏，说明事情经过，也许还有转机。于是，萧畅径至茹法珍府邸，对其说：“如果何点不与崔慧景周旋盘桓，拖延时日，那么，谁胜准负，根本无法确定。以此论之，何点不仅无罪，还应当得到封赏才对。”一席话，说得茹法珍连连称是，并及时地转奏东昏。东昏闻奏，无言以对，只得将何点释放。

梁武帝萧衍（464—549）未显达时，在都城建康与何点一直是至交好友，经常相携众文士一起吟诗作赋，游山玩水。“坐修竹，临清池，携琴访友，忘今语古，何其乐也。”过着悠闲潇洒的生活。后萧衍投身疆场，戎马十余年，年轻时美好记忆亦随时间而逐渐漠淡。天监元年（502），萧衍代齐，践祚登基，作为皇帝的萧衍忽然想起了何点这位年轻时的老友，随即亲自下诏邀请何点进宫叙旧，并赐以鹿皮巾诸物。何点接诏后，欣喜异常，特地身穿褐布巾衫前往台城华林园赴会。二人久别重逢，握手言欢，其乐开怀。萧衍非常高兴，赋诗置酒，恩礼如故，仍下诏征何点为侍中。何点闻诏，跪拜不起，称疾力辞。萧衍无奈，复下诏：“详加资给，并出在所；日费所须，太官别给。”确定由政府财政支出经费，以保证何点晚年生活的安然无虞。

（梁）天监三年（504），何点病逝于东篱门园，时年六十八岁。梁武帝闻讯十分伤感，专门下诏：“新除侍中何点，栖迟衡泌，白首不渝。奄至殒丧，倍怀伤恻。可给第一品材一具，赙钱二万，布五十匹。丧事所须，内监经理。”哀悼之怀，体恤之情，尽显梁武帝对何点的感情至深。何点死后，东离门园也废弛无存，后人仅从卞壶墓以定其址。（清）陈文述《秣陵集》卷三：“东篱门园，今无址。以冢度之，当与朝天宫相近耳。”所谓“何处篱门有旧园，冶城云树自成村。隐君门巷忠臣墓，指点斜阳酹一樽”，即指此也。

戴名世侨寓秦淮

金毓平

清康熙五十二年二月初十（1713 年 3 月 31 日），大清都城北京山川城池白茫茫一片，积雪盈尺，寒风刺骨。一队囚车自顺承门，过断头桥，经迷市，往菜市口法场缓缓而行。据传，一囚车中人神色自若，吟道："鼍鼓咚咚响，西山日已斜。黄泉无酒店，今夜宿谁家？"狱卒闻之，极尽感伤。此人正是享誉文坛、"桐城派"开山祖之一的戴名世。原本被定凌迟处死，但因康熙皇帝"宽大"，改为腰斩。

戴名世（1653—1713），江南桐城（今安徽桐城）人。字田有，一字褐夫，号药身，别号忧庵，晚号栲栳，晚年号称南山先生。死后，讳其姓名而称之为宋潜虚先生，又称忧庵先生。一生著述颇丰，有《南山集》《忧庵集》《孑遗录》。现存古文 360 篇、时文 11 义，诗歌 27 题。

戴名世初到金陵是在清康熙二十三年（1684），到南京参加乡试，并与安徽定远人王云涛相识于秦淮河上。是年八月初八日入闱，十六日出闱，待十余日，南闱放榜，名落孙山。而后，戴名世归桐城，并游学福建等地，至清康熙三十二年（1893）十一月，第二次到金陵。此事《忧庵集》有载："余尝自福州至金陵，买得木兰、佛桑、佛手柑等，共十余本载之舟中……"康熙三十三年（1694）戴名世举家搬到金陵，"居青溪之涯，与方舟、苞兄弟相违不数里。"戴名世之所以侨寓南京，其中一个主要的原因是为了更好地学习交流，增长见识，提升自己的文史水平。据方灵皋稿序云："始余居乡年少，冥心独往，好为妙远不测之文，往往循环雒颂，一时无知者，而乡人颇用是为姗笑，居久之，方君灵皋与其兄百川起金陵，与余遥相应和，盖灵皋兄弟亦余乡人而家于金陵者也。""灵皋于易、春秋，训诂不依前人，辄时有独得，而于平居好言史法，以故余移家金陵，与灵皋互相师资，荒江城市，寂寞相对。”

戴名世在金陵的住处，距离方苞的金陵草堂数里，虽然都是秦淮河畔，但在交通不发达的年代，只能隔三岔五小聚一次，以文会友，诗酒话古今。“日或三数日，先生与方舟、苞、刘捷相过从，互诵文章，同论古今。”方舟戴褐夫文稿序亦云：“昔余与刘子月三暨灵皋弟，读书草堂，褐夫家青溪，距余居三四里而近，每三数日则过余，出其所为文，相与把玩雒诵，余三人亦各以所为文质褐夫，因命酒剧饮酣醉，而后纵论往古得失，肆为洸瀁连犿之词以相娱乐。”在金陵住了一年，清康熙三十五年（1695）六月，戴名世丧服已除，便再次北游入京。“至是徐位三与其弟文虎来送，少顷郭汉瞻、吴佑咸两人亦至。至金陵闸登舟，距家仅数十步耳。舟中揖别诸友，而徐氏兄弟，复送至武定桥，乃登岸，依依有不忍舍去之意。”而方苞为养家糊口，也不得不奔波在外，先在皖南，后又转赴涿鹿。到达京师后，戴名世收到方苞的来信，请戴为其兄长方舟的文稿作序。

清康熙三十五年（1696），戴名世参加顺天乡试，八月初八入场，十六出场，落第。九月下旬，方苞与朋友南归金陵，戴名世依然住在寄园。次年三月，戴名世离京南下，返回金陵时，方苞已离家外出。清康熙三十八年（1699），戴名世于江浦书刘岩所撰华山碑。“西华山在江浦之西，距城十五里而遥，山在五峰，曰莲花五峰，诸胜既奇且多，一曰响铃庵，庵有碑，依县志‘邑人刘岩撰文，戴名世书丹’。此碑无从得其年，姑系诸此。”四月初十，康熙南巡至金陵，十六日离开金陵回銮。是年八月，江南乡试，戴名世因母亲去世，持服不与试，方苞一举夺得解元。不久，戴名世承担此次乡试优秀时文的选编，编成《乙卯科乡试墨卷》。次年（1700），方苞赴京参加会试，落榜，即归金陵。四月，戴名世邀众好友张符骧、朱书、朱文镳、江让临等在寓所小聚，为方苞接风洗尘。不久，戴名世出游各地，访问故老，考证野史，搜求明代逸事，不遗余力，欲仿效《史记》形式，为《明史》作出纲目。

清康熙四十一年（1702），戴名世的弟子尤云鹗将戴氏古文百余篇刊刻行世。由于戴氏居南山冈，遂命名为《南山集偶抄》，即著名的《南山集》。文集诸序之首，乃方苞所作。此书一经问世，即风行江南各省，其发行量之大，流传之广，在当时同类的私家著作中是罕见的。正是这本书，使戴名世流芳文坛两百多年，却也使他被冤下狱，招致杀身大祸。次年，应金陵司阃（地方军事长官）章秉法之托，代写《新修明道书院碑记》。

清康熙四十四年（1705）秋，戴名世入京考中顺天乡试举人。第二年正月，方苞和戴名世在同一个考场，参加会试。放榜后，方苞、宫鸿历等登进士，戴名世不幸落榜。令人遗憾的是，方苞因母病南归，无缘殿试，从而失去成为进士的资格。南返后，方苞的几个门生收集了他的时文，准备刊印《方灵皋全稿制艺》。戴名世、刘月三承担论定编次的工作，其中还有戴名世九十余条评语。清康熙四十七（1708）年冬天，戴名世北上赶赴下年春闱，龙榜揭晓，获会试第一，即会元，殿试后，获榜眼，授翰林院编修，在京供职，参与明史馆的编纂工作。此后，至“南山案”发，再也无缘金陵。

白门往事

民国风靡南京的梨花大鼓及其名家董连枝

赵子云

“曲艺”，词典中说：“流行于人民群众中的、富有地方色彩的各种说唱艺术。”北京的天桥、天津的劝业场和南京的夫子庙，是我国曲艺的三大发祥地。南京最早的曲艺活动可追溯到东汉末年。孙权称帝建业，“曲唱”曾风靡一时。时人语云：“曲有误，周郎顾”，证明了周瑜是一位高明的曲艺鉴赏家。到了民国，北方曲种大批传入南京，最早流入的曲种，即为梨花大鼓。

梨花大鼓风靡南京

1913年，二次革命（讨袁革命）中，张勋由山东率部趁机占据了南京。张部官兵大多为山东、河北人，为适应他们的文化娱乐之需，于是北风南移，许多北方曲艺得以传入。首先是梨花大鼓，一时在南京大为盛行。梨花大鼓是山东的曲种，又名山东大鼓，又因最初演唱时用两片犁铧碎片击拍，故又有犁铧大鼓之称。最初流行于山东农村，主要由男演员用当地民歌唱整本故事，清末进入济南等城市，改唱片段鼓词，同时女演员大量增加，唱腔不断发展。在刘鹗的《老残游记》里，曾描写过白妞、黑妞在明湖居茶馆中唱《小黑驴》段子的情景，就是当时实况。

梨花大鼓有一人演唱和二人对唱两种。演唱者一手执铜片，一手敲鼓，伴奏一般为二人，即三弦和四胡。分南口和北口两大流派。演唱的曲目多以说唱相间的中长篇为主。梨花大鼓进入南京后，为适应不同观众的要求，艺人大多改为只唱不说的小段子。在吐字、音调上也为了适应南方观众的需要而逐渐去掉了浓浊的山东方言，改用较流行的北方官话来替代，更加深受南方观众的欢迎，一时风靡当世，以至几乎所有的梨花大鼓名家都纷纷来宁献艺。最初进入南京的梨花大鼓演员大多技艺一般。其时，夫子庙前的“得月台”“市隐园”等茶社，均为梨花大鼓演出场所。约在1920年前后，梨花大鼓名家谢大玉来到南京献艺。谢是山东武城人，其父谢其荣为梨花大鼓著名弦师，曾为梨花大鼓名角黑妞、白妞伴奏，有“神手谢老化”之称。谢大玉自幼随父学艺，约在二十岁左右，就已享有盛名。她擅长演唱金戈铁马的《三国》段子，在南京以《战长沙》《单刀会》等最为观众所称道。同年，另一梨花大鼓名角孙大玉也来到南京，他们分别演于“市隐园”“飞龙阁”与“奇芳阁”茶社。至1930年，大多数的梨花大鼓名演员齐集于南京，其中号称梨花大鼓“四块玉”的谢大玉、孙大玉、赵大玉、李大玉中，除李大玉外，其余“三玉”均多次来宁登台献艺。谢大玉、孙大玉还曾长期居住于南京。抗日战争期间，南京尚有梨花大鼓艺人演出，至1949年新中国成立前，南京的梨花大鼓艺人渐少，1950年后已基本不见其活动。

独辟蹊径董莲枝

值得一提的是梨花大鼓又一名家、独步曲坛的董莲枝，在众多南下献艺的梨花大鼓演员中，其艺术成就、艺德、品德尤为南京观众所称道。《冶城话旧》云：“秦淮歌肆，鼓词盛行为近十年事。众推董莲枝第一……董莲枝之喉，珠圆玉润，善为缠绵婉转之音……歌时，必有其夫三弦伴，慎重将事，不苟登场，有一种为艺而艺之精神，而听者亦多为艺而来，与捧其他歌女‘醉翁之意不在酒’者不同。其享盛名十年于秦淮而无毁之者，抑难能可贵已！”董莲枝是山东济南人，生于光绪三十年（1904）。其父是位唱梨花大鼓名家，听众称其为“老董”，名字却失传了。董莲枝自幼从父学艺，后又师承山东梨花大鼓名家姬素音。经其父指拨，自成一家。十三岁开始在济南卖唱，先后到过开封、天津、上海、汉口等地，艺术日进。她的演唱，声调低回婉转、歌词哀怨，入耳别有韵味，遂名声远播。十九岁那年（1923），她和师姐莲喜、师妹莲芳抵宁献艺，在大世界游乐场登台。后来师姐和师妹都离宁，她独留南京落户，组班自挑大梁。先后在新奇芳阁、六朝居、四明楼、又世界等茶楼演唱十多年之久，上座率始终不衰。梨花大鼓多以

武段子见长，而董莲枝根据自己的特点，另辟蹊径，以演唱悲剧故事为主。其代表作是《剑阁闻铃》，故事来源于白居易的《长恨歌》“夜雨闻铃肠断声”，描写唐玄宗因安史之乱，逃亡入蜀，中途在剑阁避雨，听到檐角铃声而悼念惨死的杨贵妃。其他的曲目如《宝玉探病》《黛玉悲秋》《摔镜架》等，也都是以儿女情长为主，取代了山东大鼓一向唱《三国》《水浒》英雄故事的风格，将缠绵悱恻的旋律融合到刚劲爽朗里去，非常动听。当时夫子庙还有一位梨花大鼓名家赵大玉。赵工《三国》，董莲枝工《红楼》，二人同工异曲，各见精彩。但董莲枝自从成功地演唱了《剑阁闻铃》《潇湘夜雨》等诸曲后，声名大振。由于董莲枝的作品，文字工整，讲究韵律，有较高的欣赏水平，故博得不少教授、学者的赏识。如当时的中央大学教授胡小石、中文系主任刘继宣、哲学系主任宗白华和名教授黄侃、吴梅、方东美、徐悲鸿及北平音乐学院教授杨仲子等，均为她的忠实听众，都一致给予赞扬。赞她最高的是杨仲子。杨是我国第一代新音乐家，他认为董莲枝如生在西欧，早就成了享受盛名的声乐家、歌剧主演了。胡小石在听了她的《剑阁闻铃》后赠诗曰：“四座无声弦语微，酒痕护梦驻春衣。年年花落听歌夜，雨歇灯残不忍归。”抗战时期，胡小石等人在昆明、重庆等地听董莲枝演唱，又有诗赠，堪称知音。

尤其可贵的是，董莲枝受到赞美后，盛名之下毫不自满，仍然继续钻研并努力读书，学写字，以提高自身的文化素养。而且洁身自爱，生活作风严肃，从不参加应酬。1930 年，有一姓樊的老听众，自称“怜莲居士”，通过他的妹妹和董来往，征集到董的唱词八篇，编成小册子，题作《莲歌》，由上海广益书局出版。有人警告董莲枝，说此人庸俗无聊，恐对她用心不良，董莲枝即让丈夫通知樊某，不要再来捧场。

董莲枝在众多南下献艺的梨花大鼓演员中独领风骚，享誉金陵十余载，是山东大鼓的革新家，盛名一直不衰。1935 年，她应聘去汉口游乐场献艺，离宁时，她把《剑阁闻铃》的唱本送给了京韵大鼓艺人小彩舞（骆玉笙）。几年后，《剑阁闻铃》成了骆派饮誉曲坛的代表作。

抗战爆发后，董莲枝由汉口去了重庆，1939 年又因避日机轰炸去了桂林，最后定居昆明。约在 1944 年左右，因为两个儿子都已大学毕业，她就此退出曲艺舞台。抗战胜利后，她未回南京，也未回山东老家，大概终老于昆明了。令人遗憾的是，她的妙艺竟无传人。在南京所收的两个女徒弟，都因学得不好，在汉口时就遣走嫁人了。新中国成立后，山东省文化部门挖掘曲艺遗产，和她同辈的赵大玉、鹿巧龄等人都有传人，唯独没有访求到她。（钟善士）

谢庭兰洁身自爱

金毓平

谢庭兰，字湘谷，丹徒人。诸生。有《湘谷初稿八卷续稿六卷吟稿四卷》《古文尚书辨八卷》等。因身份低微，史书中难觅其详细的生平。从李小湖督学江苏，选其做官，而避乱江阴，以及后来至上元教馆并自刻书籍，可推测谢庭兰大概生活于清嘉庆至光绪年间。

谢庭兰于光绪十八年（1892）自刻《古文尚书辨八卷》，自序云："近世诸儒力诋后出之《书》为伪，一人倡之，百人群起而和之，至于今未已。夫今之时圣人在上，吾君尧舜之君也。覆育群众，而举尧、舜、禹、汤、文、武、周、孔之教，模范学者，顾下之人历诋往圣遗训以为能，以上负吾君。"其作此书之意，由此可见。《古文尚书辨八卷》本是一部学术研究著作，卷一至卷四辨阎若璩的《古文尚书疏证》，卷五辨惠栋的《古文尚书考》，卷六辨宋鉴的《古文尚书考辨》，卷七辨王鸣盛的《尚书后案》，卷八辨梅鷟的《尚书考异》。然而，以上阎若璩是清初著名学者，清代汉学（或考据学）发轫之初最重要的代表人物之一，多有著述，而其最重要的成就是《尚书古文疏证》。惠栋是清代学者、藏书家，吴派汉学的代表人，治学以汉儒为宗，精于汉代《易》学研究。宋鉴是清代著名的考据学家，《尚书考辨》是其关于古文辨伪的重要著述。王鸣盛是清代官员、史学家、经学家、考据学家。官侍读学士、内阁学士兼礼部侍郎、光禄寺卿。梅鷟是明武宗正德八年（1513）举人，官南京国子监助教、盐课司提举。可以说个个都是"文化界的大佬"，而谢庭兰只是一个普通的教书匠，却对众"大佬"提出质疑，怎能不招来"仇家"。果不其然，"谢庭兰则在为《古文尚书》辩护时得罪时君，故获罪。"

谢庭兰习古文，好读书，一生手不释卷。避乱江阴时，拜承受亶为师，习古文义法。承的学问人品受到当时学人的肯定，林则徐对他特别赏识，邀入幕中，并赠联云："许叔重《说文解字》，王伯厚《困学记闻》。"夸奖承培元像东汉大学者许慎那样精通文字学，又如南宋大学问家王应麟那样博学多闻。谢庭兰幼时，与魁玉（1797—1877）同受业于李姓老诸生，其时魁父在京口为官。随着时间的推移，数十年过去。清咸丰八年（1858）魁玉署江宁将军，同钦差大臣和春率江南大营清军与陈玉成、李秀成部接战，威胁天京。清同治四年（1865）五月，升任江宁将军，与曾国藩、李鸿章办理金陵苏常太平军善后事宜。当此时，谢庭兰亦至江宁开馆授徒，租住在评事街的江西会馆楼上，会馆主人为江苏候补县丞的桐城张姓。清同治九年七月廿六日（1870 年 8 月 22 日），江宁发生大案，两江总督马新贻在督府侧门被张汶祥以利刃刺入右胁，次日殒命。魁玉署两江总督，审理此案。适逢谢庭兰同乡江宁教授赵某，到督抚衙门参见魁玉。对魁玉说："大人尚有旧同学谢某在此。"魁玉道："吾久忆之，意其死乱久矣，君能为我致之否？"赵某道："敬诺。"随后便去拜访谢庭兰，将魁玉的情况告之。谁知谢庭兰却说："吾不欲谒贵人。"赵坚持要他去，于是谢说，我连一件好一点的衣服都没有。赵又准备好新衣，谢又嫌衣服过于华美。赵只好换成葛布衣服，谢说："得之矣。"黎明时便徒步往督署而去，递上写有"丹徒附监生谢庭兰"的帖子。文巡捕接过帖子，斜眼而视，并露出怪笑。旁边一老而驼背者告诫说："此老先生不可侮，须上报。"文巡捕于是拿了名帖入内。不一会儿，里面便传来呼叫文武巡捕跟班打开衙署中门，并一起出来将谢庭兰迎入。魁玉端立在厅事门外，谢庭兰向魁玉行拱手礼。魁玉操着丹徒的家乡话说道："渴想！渴想！"并问谢庭兰近况，谢一一告知。魁玉说："君太自苦，余在行间，粗立战功，姓名稍著人口，君宜闻之，若屈己相就，吾将待以故旧之礼，纵不敢以章绂浼君，其必能溉君，不至如今犹困童子师也。君太自爱，太自爱！"谢庭兰道："吾乐居此，每年束脩六十千，尚有余，刻所著书。"魁玉道："此间有江南书局，有采访忠义局，请君择一，当为谋之。"谢庭兰道："书局有同乡韩叔起在内，不便与争；至采访忠义局，则分鬼之血食，又不忍为。吾老无子愿甘寂寞，感公雅意，谨藏于心可也。"魁玉道："吾访李先生后，先后冒认者数辈，吾终欲得一真。"谢庭兰道："李先生子死于乱，有寡妇及孤子居通州。"魁玉道："吾有四百金，请君致李，买田

数十亩，可以供朝夕。”谢庭兰道：“当招李来亲领，余贫士，骤见巨金，安知我不干没邪？”因此二人大笑。魁玉留谢在衙署饮酒，至二更许，谢庭兰告别，魁玉对侍从道：“请谢老爷轿。”谢庭兰有些难为情道：“非轿。”魁玉道：“然则骑马来乎？请坐骑。”谢庭兰说：“生平喜徒步，特走来。”魁玉又道：“速备轿。”谢庭兰说：“不可。”魁玉于是命侍从打着灯笼送出。次日，魁玉来答拜赵教授，又叮嘱赵，请谢庭兰入任书局，又命中军某人坚持请谢庭兰，都被谢推辞了。魁玉于是叹道：“吾乃终不可屈故人邪。吾望之愈远矣。”

今记之，以为文人风骨，可存于史乎？

门东名宿王木斋

王经强

王木斋（1866—1927）名德楷，室名娱生轩，上元人，清光绪二十三年副贡。居门东边营，祖上遗下财产颇丰，但木斋嗜书如命，将偌大田产、房产变成插架万卷的宋、元等善本书籍，藏书室名娱生轩。每置酒宅中，于宾客满座中剧谈，豪兴大发。时邻里王瀣（伯沆）嘿然在座聆听，王伯沆小王木斋十许岁，弱冠师端木埰、高子安习古文辞，壮岁常向王木斋借书、论学。王伯沆自叙王木斋“鞭策之猛，加惠于仆者”，治学遂三变，所作诗词木斋见之大为惊喜，折节下之。王伯沆四十以后终成一代国学大师，与王木斋亦师亦友相交三十年。

王木斋师友多海内名流。清光绪十三年（1887）前后，王木斋得识文廷式。文廷式（1856—1904）字道希，号芸阁，江西萍乡人。20岁入都，以布衣名震京师，35岁一举擢巍科，跻鼎甲，入翰林。旋又超迁讲幄侍，见知光绪帝。清光绪十九年（1893），由光绪亲定奉派本年恩科江南乡试副考官，为光绪帝亲政后延揽人才。八月初一日抵达江宁，十一日开考，应试者实到一万七千九百余人，王木斋虽才学超群，仍名落孙山。文廷式于返京前作《木兰花慢·寄上元王木斋》。词前序云：木兰花慢，寄上元王木斋。木斋，余故交也，才气横溢，风期隽上。余典试而木斋落解，以同考未荐，非余之咎。作此慰之，因以志别。词云：

听秦淮落叶，浑不尽、暮秋声。况清歌寂寂，斜阳黯黯，客思沈沈。题襟，那回去后，阻燕吴、迢递六年心。携手河桥又别，依然酒幔空青。（前度别时，木斋策马追送江干，朗吟唐人窦叔向“夜合花开”一律，众为黯然。） 男儿何不请长缨？挥剑制龙庭。只麻衣入试，金门献赋，那算功名！藏形，不妨操畚，学兵符、须入华山深。四野荒鸡唤晓，万重飞雁回汀。

此词上片伤别，亦伤故友落榜。下片对故友之叮咛，谓可从军，可操畚，只

不必再应试，其言痛切而发于至诚。文廷式虽为典试官，但对科举考试颇不以为然。曾对友人说，千余年来，以此耗士人精力，凡会既成，人争趋之，得丧之间，动关身世，“犹复因循不废，盖愚民之术，莫秘于斯，朝野相蒙，不至于率兽食人不止也。”王木斋对此愤激之语当能领会，亦可见两人皆高怀远抱之士。结尾一声珍重，鸡雁鸣叫如暮鼓晨钟，似警人生短促，而时不我待。既是励人，亦是自励。

王木斋作《金缕曲》复答云阁见赠：

莫漫增悲咤，怅千秋、陆龙荀鹤，几人方驾。况复荆和三刖足，贱却连城声价。空赢得、灞陵呵骂。满眼风云浑不似，问登车、谁是澄清者？天不语，泪盈把。　竭来看射南山下，更休谈功名麟阁，文章金马。人物中原堪屈指，谁与使君匹亚？更只手绳维大厦，我有汾阳三亩宅，老躬耕、愿乞明时假。弄白曰，自潇洒。

文廷式完成典试江南重任，回京参加光绪亲政后首次詹事大考，上亲擢廷式第一，迁翰林侍读学士。中日战争爆发，慈禧太后仍举行生日庆典，文廷式上书光绪：请皇上停办点景，移作军费。又劾李鸿章“昏庸骄蹇，丧心误国。”慈禧欲重谴文廷式。文廷式于清光绪二十一年乙未（1895）五月南归避祸，在金陵与黄遵宪、梁鼎芬、王木斋诸人饮集吴船，各抚《贺新郎》以志悲欢。有《吴船听雨图》记之，王木斋作《金缕曲·题云阁吴船听雨图》：

一笑锺云起，聚圆波、青溪溪畔，扁舟闲艇。欲献明珰知何处？楚水燕山迢递。但烟柳斜阳而已！莫向新亭空洒泣，倚琼支、且尽今宵醉。今不乐、岁其逝。

十年梦影君须记，雨沈沈、夜窗残烛，檐花风细。禁得几番离合感，露落苕华如是。又此度、江南重至。一曲潇潇人去也，劝吴娘莫把清歌理。真欲唤、奈何矣！

王木斋喜交友，善谈论，文廷式、康有为、梁鼎芬诸名宿每至金陵，多下榻娱生轩。王木斋与海内名士诗酒往还、切磋学问，缪荃孙在《艺风老人日记》中多有记载：光绪二十一年乙未（1895）九月二十一日，应徐乃昌（积馀）招，缪荃孙、况周颐、蒯光典、王德楷、茅谦（子贞）、刘世珩（聚卿）同席。九月二十二日，应刘世玮、刘世珩招饮，缪荃孙、康有为、梁鼎芬、蒯光典、王德楷、茅谦、徐乃昌同饮于画舫。九月二十三日，应梁鼎芬招饮，缪荃孙、况周颐、宋芸子、黄仲强、陈百年、蒯光典、刘世珩、徐乃昌、王德楷同席。九月二十四日，王德楷招饮，缪荃孙、况周颐、陈百年、康有为、沈爱苍、蒯光典、徐乃昌、刘世珩同饮于画舫。又据况周颐年谱，本年况周颐与王木斋入张之洞幕。况周颐有词《金缕曲·和王木斋赠词》。

光绪二十三年丁酉（1897）七月二日，木斋来畅谈，赠徐积馀《常州词录》及《名家词》。七月六日，况周颐自缪荃孙处取《常州词录》一部。

戊戌（1898）三月十五日，石公（顾云）招饮，徐积馀、王木斋，秦伯虞（际唐）、翁铁梅、傅苕生（春官）同席，游清凉，观南唐井栏，上扫叶，长江如练，双阙远竦，亦极登眺之胜。

庚子（1900）四月十一日，在张园晤张叔和、王木斋。

辛丑（1901）八月十三日，王木斋约一品香小叙，屺怀、芸阁、子培（沈曾植）、子封同席。九月十四日，偕季直（张謇）、聚卿（刘世珩，江宁商会总理）谯公请志仲鲁（宗室，文廷式挚友，其妹瑾妃、珍妃曾受业于文廷式）、文道希。俞恪士、陈伯陶、薛次升、陈百年、茅子贞、王木斋小饮傅河厅。

壬寅（1902）六月十一日，次升招饮，茂轩、椝林、诗孙、百年、仲鲁、王木斋、郭月楼同席。

夏敬观《忍古楼词话》："上元王木斋德楷，与子侄承庆为丁酉同年生。昔年在文芸阁席上见之，遂与订交。木斋记问博雅，善谈论，庚子、辛丑间在沪上，盖无日不相往还。所著《娱生轩词》，近年其乡人卢君冀野始获录刊一卷，盖遗稿散佚者多矣。"

王木斋客湘抚幕，俞恪士有《长沙道中寄怀王木斋》二首，其一云："生死心谁托，艰难道未孤。沉吟惜途夜，哀艳满江湖。身外闻云坠，愁边一雁呼。更谁觅谯秀，凄恻到寒芜。"王伯沆亦有诗《湘水寄木斋沪上》及词《尾犯·用柳耆卿第二体寄木斋仲鲁海上》。

戊戌政变起，清廷密电访拿文廷式，文廷式避匿乡间，后出走日本。归国后往返上海、金陵、长沙间，光绪二十九年（1904），文廷式在沪以病归萍乡，有诗《舟中卧病》。冒鹤亭送之登舟，惜别怀欢，黯然无绪，文廷式寻举六祖"落

叶归根，来时无口”二语，遂别去。当年八月，文廷式在萍乡家中辞世。

王木斋《致王伯沆》云：“云阁于八月廿三日逝世。此楷生平第一好友，文章学问在师友之间，性情谊气，直异姓骨肉。即楷弱冠以后，一知半解，少有心得，无非云阁鞭策启发之力，而非如云老之闳通博雅，深入理海。当代余子，亦鲜足当楷请益者。今年未五斗，先我而逝，哲人其萎，吾将安命……”

王伯沆在《云起轩词跋》中说：“光绪甲辰，是秋先生殉于湘中，此册遂留木斋家。今春木斋之子伯举持来，商讨影印……伯举嘱为跋。”

王木斋五十以后，家渐衰落，侘傺致疾，呐不能多言。王伯沆在《娱生轩词序》中说：“木斋晚年犹时常扶一童过余，默然相视，至移晷。余力慰之，但颔首。竟以丁卯年五月十九日卒，年六十有二。君于诗文，恢疏如其人，然不多作，于词服丈道希学士，唱和为多。余间索阅君新稿，则起检书丛中，往往失去，余怪君不珍惜。”则又笑曰：“吾词达吾意尔。”

清末“新党”俞明震

王经强

鲁迅先生于清光绪二十四年（1898），入南京水师学堂。第二年，考入江南陆军学堂附设矿路学堂。鲁迅在《朝花夕拾·琐记》一文中说，第二年（学堂）总办是一个新党，他坐在马车上的时候大抵看着《时务报》，考汉文也自己出题目，和教员出的很不同。有一次是《华盛顿论》，汉文教员反而惴惴地来问我们道：“华盛顿是什么东西呀？”这个“新党”就是俞明震。

俞明震（1860—1918）字恪士，号栖迟、觚庵，浙江绍兴人。俞明震为浙江新昌五峰俞氏38世孙，22世先祖于明代始迁绍兴斗门，至其高祖俞善全再迁京师，寄籍顺天宛平。父俞文葆为咸丰辛亥科举人，湖南楝发知县，历署东安、兴宁知县，俞明震生于湖南善化。

俞明震于清光绪十六年庚寅（1890）恩科中式，成进士，例授翰林院庶吉士，三年散馆授刑部主事。

清光绪二十八年（1902），俞明震出江苏候补道，在南京青溪之侧头条巷筑俞园。俞园具花木亭台之胜，一时誉满江南。俞明震的妹夫陈三立于“戊戌变法”失败后，被清廷革职永不叙用，移家金陵，后亦在俞园之侧筑散原精舍。俞氏为近代显赫家族，与江西义宁陈氏、湖南湘乡曾氏等望族相互联姻者颇夥，其世代子弟中人才辈出，不乏横跨军、政、学界的名宦名流。陈三立娶俞明震之妹俞明诗，而俞明震之弟俞明颐娶曾国藩孙女曾广珊。俞明颐、曾广珊育有三子三女，其长子俞大维娶陈三立之女陈新午，幺女俞大彩适傅斯年，俞大维子俞扬和娶蒋经国之女蒋孝章。俞明震长子俞大纯的三子是俞启威（黄敬），而俞正声则为俞启威之子。

“吏部诗名满海内”的陈三立移家金陵后，俞明震与一批东南名士集结在陈

三立周围，相从优游于六朝烟水之间，诗酒唱和，雅集为乐，殆无虚日，胜流如林，蔚为一道风景。陈锐撰《杂记》，说俞明震一则轶事：岁辛丑（1901），余需次江宁，僦居乌衣巷。一日饮集同人，待俞恪士不至，旋以诗来辞云："寒风吹脚冷如冰，多恐回家要上灯。寄语乌衣贤令尹，腌鱼腊肉不需蒸。轿夫二对亲兵四，食量如牛最可嫌。轿饭若教收折色，龙洋八角太伤廉。"陈锐以试用知县住在乌衣巷，与俞明震以诗交。他摆酒宴请俞明震，俞明震以道台出任陆师总办，例有亲兵、顶马，俞诗中的轿饭，京师谓车饭钱，虽每名只犒一角，然南京宴会如座客有道台五七人，亲兵之外尚有顶马、伞夫，开销动辄百余名，跟丁则每名倍之，或竟有需索者，廉员请客固不易，俞明震以打油诗婉辞，可谓用心良苦。

俞明震思想开明，早在湖南时就倾向变法维新，来到陆师学堂后，继续宣传维新思想。他在学堂里设立了一个阅报处，《时务报》不待言，还有《译学汇编》《科学丛书》《日本新政考》等西方报纸杂志，故陆师学堂中出现了赵声等革命党人。而鲁迅在陆师学习三年，不仅学到书本上的近代科学知识，还结合实际下到青龙山煤矿实习。更重要的是，受到新思想的熏陶，刻了两方印章："文章误我""戛剑生"，表明过去读书作古文，耽误了自己的青春，现在要"戛"的一声抽出剑来参加战斗了。

1902 年，鲁迅以一等第三名的优异成绩在路矿学堂毕业。鲁迅与张邦华、顾琅、伍崇学、刘乃弼 5 名毕业生以官费资送日本留学，俞明震不辞辛苦以"考察宪政"名义亲自护送 5 人及自费生陈衡恪东渡日本。检阅《鲁迅日记》，鲁迅称之为师者三人：寿镜吾、俞恪士、章太炎。1915 年 2 月，鲁迅得悉俞明震从甘肃回到北京，立刻前往拜访，但两次扑空，4 月 11 日第三次造访才得如愿。1919 年 1 月 20 日《鲁迅日记》载：晴，得俞恪士先生讣，下午送幛子。晚年鲁迅作有《重三感旧·一九三三年忆光绪朝末》一文，文中说："我想赞美几句过去的人。"接着说：所谓过去的人，是指光绪末年的所谓"新党"。俞明震即是鲁迅赞美的一名认真热心的新党。

清光绪二十九年（1903），设于上海英租界的《苏报》大造革命排满舆论，大力宣传邹容所作的《革命军》，引发朝廷关注，清廷要求两江总督魏光焘严密查办。魏光焘遂派候补道俞明震赴上海，会同上海道向各国领事交涉，要求拿办

《苏报》案章太炎等六人，并催促务必将案犯交由清政府自办。但上海道袁树勋认为涉及中外交涉，主张缓办。而俞明震的态度是“办事不可野蛮”，故办得很不得力，结果被御史黄某、两江总督魏光焘参了两本，被“交军机处存记”。后被派往江西办理教案。

清光绪三十三年（1907），任江西赣宁道。宣统二年（1910），任甘肃提学使。翌年署甘肃布政使。民国元年（1912），袁世凯复任俞明震为甘肃提学使，1914年任甘肃肃政使。1916年辞职南归。1918年病故于杭州。陈三立有《哭恪士》三首悼之。

俞明震诗歌创作数量不多，结集为《觚庵诗》，属同光体派。钱仲联云：“山阴俞恪士明震《觚庵诗》于海藏、散原二派外，独抒机杼，自成一宗”。

俞明震多有咏秦淮诗，如《四月十四日招秦伯虞邓熙之陈雨生并携琴师泛舟秦淮》，又如《留别秦淮作》：

野色依依入露荷，分明昨夜醉闻歌。遥怜水阁疏灯上，渐觉南朝夕照多。

满眼江山生福慧，几家烟柳弄婆娑。清愁莫放鸿蒙破，但到人间总逝波。

俞明震收藏秘本甚力，多系内廷珍藏之本。居杭州时，有书屋五楹，藏书楼名为“蕴玉山房”，收藏有戚本《红楼梦》。1973年，红学家周汝昌作《红楼梦新证》，在附录《戚蓼生与戚本》中指出：石印戚本的底本有两种说法，一说是俞明震旧藏，一说乃夏曾佑旧藏。来自俞明震一说源自王伯沆。王伯沆分用五色笔5次评点王希廉《新评绣像红楼梦全传》，其中记载：“八十回本今有正书局已印行，俞所藏原本抄写甚精，大本黄绫装，余曾见之。后恪士以赠狄楚青，遂印行。”陈寅恪晚年在所著《柳如是别传》中，述及该书编著缘起时曾云：“舅伯山阴俞觚同寓头条巷，两家衡宇相望，往来近便。俞先生藏书不富，而颇有精本。如四十年前戚蓼生钞八十回《石头记》，其原本即先生官翰林日，以三十金得自京师海王村书肆者也。”

王玉蓉：从秦淮歌女到京剧名旦

徐廷华

20 世纪二三十年代，灯红酒绿、纸醉金迷的南京夫子庙，聚集了不少歌女，她们服务于酒肆茶楼，风月场合，以满足达官贵人的酒足饭饱后的需求。王玉蓉就是众多歌女中的一个。可谁曾想，这个为生计所迫，混迹于夫子庙卖唱的歌女，日后竟成京城一大腕级的京剧表演艺术家。

在夫子庙当歌女被学校开除

王玉蓉，1913 年出生于上海的一个木匠家庭。原名王佩芬。她在明德中学读书时便立下从医的志愿，不料刚读到初二，其父病重，因生活所迫无奈辍学。此时 15 岁的她独自来到南京，在秦淮河畔的群芳阁、天韵楼、飞龙阁等戏茶厅当歌女，赚点微薄的报酬资补家用。

王玉蓉的嗓音纯净甜美，演唱富有激情，很快便脱颖而出，还取了艺名：王艳芳。在这里她认识了日后成为京韵大鼓表演艺术家的骆玉笙，只是当时的骆玉笙用的也是艺名：小彩舞。

王玉蓉人虽在秦淮当歌女，但心里还是不愿荒废学业，还是想实现自己的理想。她好学上进，不久考入“京华女子中学”。每日清晨，她以王佩芬学名到学校上课，傍晚华灯初上时，则悄悄用王艳芳的艺名前往茶楼卖艺。

那时茶楼老板为了赚钱，实行挂牌点戏，观众点什么演员清唱什么，王玉蓉的演唱技压群芳。不久，老板为招徕听客，在群芳阁组织了一次歌后比赛，那一年王玉蓉 19 岁，在几轮激烈的竞争中，王玉蓉凭借她那无人匹敌的天赋歌喉，夺得“歌后”，成了“头牌”。没承想，她的这一桂冠却招来不少歌女的嫉妒。有一歌星怀恨在心，当面扬言“有你，我就不得好过；有我，叫你也好过不了！”于是，她买通了一帮人，只要王玉蓉登台演唱，这伙人立即以口哨、喝倒彩起哄，甚至将瓜皮、茶杯等物抛向台上，还伴有不堪入耳的骂声。王玉蓉为避免伤了姐妹间和气，并未采取针锋相对的态度，而是宽宏大度，始终谦让着。心想早知会这样，不参加比赛哪会有此事发生，于是后悔当了个什么“歌后”。

这事还没平息，有一次周末，王玉蓉正在后台候场，不经意间从台帘缝隙见台下坐着一位面孔熟悉的观众，仔细一看，原来是她所在学校的校长傅况麟，顿时脑袋“嗡”的一声，心想这下可糟了，要是校长认出我来怎么办？正当她忐忑不安之际，偏偏又轮到她上场，事已至此，只得硬着头皮上场，心中还暗自祈祷老天爷保佑，千万别让校长认出来。她上台时为避开视线，斜着身，侧着脸走向舞台，而且仰头平视不看台下，歌罢便迅速下场。尽管当时没有什么反应，可当晚她躺在床上还是翻来覆去睡不着，心里老想着这事。

果然，周一王玉蓉一到学校，就见学校墙壁前围了一拨人在看一张布告，一个同学低声告诉她，学校贴出布告，说你到茶楼卖唱，有伤风俗，将你开除学籍。王玉蓉听了犹如晴天霹雳，她再也抑制不住内心的悲痛，回到宿舍趴在床上嚎啕大哭。这一消息不胫而走，记者们纷纷前来采访，很快便以《为何校长能茶楼听曲，歌女不能入校读书》的醒目标题见诸报端。校长见了立即撰文反驳，随之记者又以《歌女可是公民？》的文章声援王玉蓉。一时间报纸上展开了笔战，此事轰动各地，诸多报纸纷纷载文，为王玉蓉伸张正义。校长却不甘心，为此召开了记者招待会，声称为整顿校风，执意将王玉蓉开除学籍。虽舆论强烈，但社会当局却认为学校处置得当。

遭此厄运的王玉蓉心灰意冷，再无心献艺，亦无意求学。虽然当时的金陵女子中学愿意收她为旁听生，但还是被王玉蓉谢绝了。遭受接连的打击，王玉蓉满怀惆怅，悄悄地离开了夫子庙，也离开了南京。

拜师学京剧一举成名

回到上海后，王佩芬改名为王玉蓉。1933 年，王玉蓉到北京拜京剧大师王

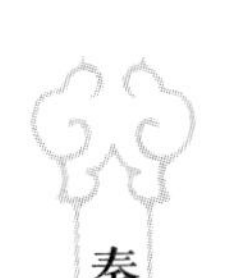

瑶卿为师，从此立雪王门，达八年之久，在北京闯出了一片新天地。

王瑶卿对这位南方来的女弟子，爱护备至，要求也十分严格。一字一腔，一个台步，一个拂袖，都不马虎，而且京胡一响，就不许再喝水。所以，后来王玉蓉在台上从无“饮场”的习惯。王瑶卿教她的第一出戏是《女起解》，开头的四句摇板，就教了半个月，直到满意为止。随后相继教了她《金水桥》《李艳妃》《宝莲灯》等戏，还专门为她排了一出《艳云亭》(即《孔雀东南飞》)。这个戏里快板特别多，王瑶卿告诉她，唱戏的要诀是“慢板不慢，快板不快，以字带腔，着重气口”。王玉蓉后来对人说，恩师王瑶卿传授的这十六字，使她一生受用不尽。

王玉蓉在王门学有所成，开始要在北京的舞台露面了。但因她从南方来，没名气，北京的观众对她很陌生，因此各家戏园子不敢邀请她去演出，怕影响票房收入。1933 年长安大戏院开幕，据说因为“闹鬼”，许多名角都不肯应邀登台。新戏院成了冷角落，王瑶卿不信鬼，他对王玉蓉说：“别人怕鬼，我们来打鬼，你也学成了，咱们弄个班子唱戏院的廾门戏去。”于是和长安大戏院签了约，王玉蓉挂头牌，须生为管绍华。戏院门前贴出告示：“由王瑶卿为徒儿把场，亲自上台。”这个告示，起了不小的广告作用。观众仰慕王瑶卿大名，买票非常踊跃，戏院里座无虚席。王瑶卿为王玉蓉把场，开长安大戏院演出先河，以后王玉蓉去上海搭班，戏院老板也央求王瑶卿来“把场”。

王玉蓉在长安大戏院的演出一炮走红，声誉与日俱增。从此她在长安演出达八年之久，而且每周六的夜场全是她演，别人是安排不上的。不久，应百代公司之邀，与马连良、管绍华等合作灌制《武家坡》《四郎探母》等唱片。王玉蓉分文不取。后来王玉蓉赴新加坡、泰国等国访问演出，深受欢迎。又与姜妙香、杨宝森、金仲仁、李多奎、奚啸伯、裘盛戎、李洪春等合作，蜚声南北，成为“王派”青衣的代表人物，在北京、天津、上海、宁波、武汉、南京等地均有极高的声望。

被誉为梨园“铁嗓青衣”

电影梨园两界对嗓音好的演员有个行话。电影明星周璇，歌声轻柔甜润，她唱的《拷红》《四季歌》至今仍在流传，人们称她为“金嗓子”。京剧界的旦角演员，凡嗓子高亢响亮的，人们都称之为“铁嗓子”，而不称“金嗓子”。四大名旦之一的尚小云，嗓子冲，武功好，常在剧中连唱带舞，人们赞誉他是“铁嗓钢喉”。而当红的王玉蓉，能在一个晚上一人饰演王宝钏，从《彩楼配》唱起，包括《三击掌》直至《武家坡》，共计八个折子戏，她演来一气呵成，一唱到底，人称“王八出”。为此获得“铁嗓青衣”的称号，享誉剧坛。这是王玉蓉苦练出的真功夫。

新中国成立之初的 1953 年，王玉蓉加入武汉京剧团，任副团长。后转入上海新民京剧团任主演。1957 年调入北京和平京剧团任副团长。后调到吉林省京剧团任副团长。1964 年在吉林省戏曲学校任教。1974 年退休回北京定居，曾应邀到中国戏曲学院及武汉讲授“王派”青衣表演艺术。

王玉蓉成名后，曾与胡铁耕、陈巨来、俞逸芬三位名家同时拜袁世凯次子袁寒云为师学习绘画。由于她先后拜了王瑶卿和袁寒云两位老师，为此其师兄胡铁耕取二师之名各一字，为师妹寓所起名为“卿云楼”。

1994 年 6 月 8 日，“卿云楼”主、著名京剧表演艺术家王玉蓉在北京病逝，享年 82 岁。

蔡侍郎居夫子庙

白门客

蔡居厚，字宽夫。北宋临川（今江西临川）人，宋哲宗绍圣元年（1094）进士。历太常博士、吏部员外郎，迁起居郎、右谏议大夫、户部侍郎，历知秦州、沧州、应天府等。其祖父蔡元导，字浚仲，世居抚州临川城南。曾任南剑州推官，以子贵，累赠朝散郎。父亲蔡承禧，字景繁，宋仁宗嘉祐二年进士，历知虔州于都县，宋神宗熙宁八年擢太子中允、监察御史等，十年加集贤校理、开封府推官、判官，又出为淮南计度转运副使。从《苏魏公文集》卷五七《承议郎集贤校理蔡公墓志铭》可知，蔡承禧为人耿直、义气、善良，为官刚直不阿、尽心为民、有政绩，并著有《论语指归》十卷、《奏议集》十卷、《文集》十五卷。

《宋史》卷三百五十六关于蔡居厚所记较略，兹录如下：

居厚第进士，累官吏部员外郎。大观初，拜右正言，奏疏曰："神宗造立法度，旷古绝儗，虽符、佑之党力起相轧，而终不能摇者，出于人心理义之所在也。陛下继志广声，政事具举，愿如明诏敕有司勒为成书，以明一代之制。"迁起居郎，进右谏议大夫。论东南兵政七弊，及言学官书局皆为要涂，宜公选实学多闻之士，无使庸常之徒，得以幸进。

河北、河东群盗起，太原、真定守皆以不能擒捕罪去。居厚言："将帅之才，不储养于平时，故缓急无所可用，宜令观察使以上，各举所知。"又言："比来从事于朝者，皆姑息胥吏，吏强官弱，浸以成风。盖辇毂之下，吏习狡狯，故怯懦者有所畏，至用为耳目，倚为乡导，假借色辞，过为卑辱，浸淫及于侍从。今庙堂之上，稍亦为之，愿重为之制。"改户部侍郎。言者论其在谏省时，为宋乔年父子用，以集贤殿修撰知秦州。降羌在州者逸入京师诉事，坐失察，削职罢。蔡京再相，起知沧、陈、齐三州，加徽猷阁待制，为应天、河南尹。初建神霄宫，度地污下，为道士交诉，徙汝州。久之，知东平府。复以户部侍郎召，未至，又以知青州。病不能赴，未几卒。

从以上仅可看出蔡居厚赞同神宗改革、懂军事、主张对农民起义予以镇压、一生仕途坎坷，又与奸相蔡京交好。

《景定建康志》卷三十二："建康府贡院，在青溪之南，秦淮之北，即蔡侍郎宽夫宅旧址也。乾道四年，留守史公正志建。绍熙三年，留守余公端礼修而广之。嘉定十六年，端礼之子嵘为守撤而新之，陈公天麟杨公万里尝为记。"朱弁《曲洧旧闻》载："蔡宽夫侍郎，筑室金陵，凿地为池沼。"《南窗纪谈》亦载："蔡宽夫侍郎在金陵凿地为池，既去土，寻丈之下便得一灶，甚大，相连如设数釜者，灶间有灰，又有朱漆匕箸，其旁皆甓，初不甚损，莫测其故也。后见诸郡兵火之后，瓦砾堆积不能尽去，因葺以为基址者甚多。金陵盖故都，自昔兵乱多矣，瓦砾之积不知几何，则寻丈之下安知非昔日平地也。"可以确定，蔡侍郎宽夫居今夫子庙，其旧宅后来改作建康贡院可信度亦高。

洪迈《夷坚乙志卷六·蔡侍郎》："宣和七年，户部侍郎蔡居厚，罢知青州，以病不赴，归金陵。疽发于背，命道士设醮。倩所亲王生作青词，少日而蔡卒，未几王生暴亡，三日复苏，连呼曰：请侍郎夫人来。夫人至，王乃云：初如梦中有人相追逮，拒不肯往，其人就床见执，回顾身元在床卧，自意已死，遂俱行。天色如浓阴大雾中，足常离地三尺许，约十数里至公庭。主者问：'何以诡作青词诳上苍？'某方知所谓，拱对曰：'皆是蔡侍郎命意，某行文而已。'主者怒稍霁，押令退立。俄西边小门开，狱卒护一囚，杻械联贯立庭下。别有二人舁桶血，自头浇之，囚大叫，顿掣苦痛，如不堪忍者。细视之，乃侍郎也。主者退，复押入小门，回望某云：'汝今归，便与吾妻说，速营功果救我，今秖是理会郓州事。'夫人恸哭曰：'侍郎去年帅郓时，有梁山泺贼五百人受降，既而悉诛之，吾屡谏不听也。今日及此，痛哉！'乃招路时中作黄箓醮，为谢罪请命。"可知，蔡居厚宣和七年（1125）卒于金陵。但其剿灭梁山泺农民起义军，对朝廷应是大功一件，而正史不载，或许正如洪迈所书的，与杀降五百人并不是一件光彩的事有关。洪迈借鬼怪言之，正好印证了《宋史》之略。

蔡居厚著有《诗史》，久已散佚。郭绍虞先生辑其佚文 125 则，收入《宋诗

话辑佚》，其内容广博、考证详细、评价中肯、见解独到，是宋诗话中不可多得的精品。《宋史·艺文志》著录于集类文史类。书中引孙光宪谓聂夷中“二月卖新丝”，‘诗’有三百篇之旨，此亦为“诗史”，本书书名不言“诗话”而言“诗史”，或即此意。并谓“蔡居厚鄙薄晚唐诗‘无风骚意味’，称其‘浮艳无足尚’，‘气韵甚卑’。但又主西昆，引杨亿语云：‘钱惟演，刘筠首变诗格’，‘得其格者，蔚为佳句’，并称许‘唐僧多佳句，其琢句法，有比物以意而不言物，谓之象外句’。称‘用事琢句，妙在言其用，而不言其名’。所谓‘象外句’，偏重于比喻、形象，与其后司空图所论或有不同”。这里要说明的是，宋时有二蔡宽夫，另一为蔡肇，所著为《蔡宽夫诗话》，后人多有不分，当辨之。

明人邵经邦在《弘简录》中述蔡居厚与钱塘人强渊明、强浚明兄弟、宋乔年父子皆为死友。强氏一族在北宋赫赫有名，老大献明官至工部架阁，老二浚明官至尚书郎，老三渊明官至翰林学士，老四伟明和老五陟明亦皆有政绩。但渊明、浚明以及叶梦得与蔡京为死党，宋乔年与蔡京为儿女亲家，如此一来，蔡居厚即使再清白，也免不了受到“六贼之首”蔡京的牵连，致使名誉受损。

当代梵正杨继林

马学仁

王维，唐诗人，精绘画，兼通音乐。中年后居蓝田辋川，过着亦官亦隐的悠游生活。曾绘《辋川图》，山谷郁郁葱葱，云水飞动。北宋苏轼称他诗中有画，画中有诗。明董其昌推他为“南宗”之祖，并说“文人之画，自王右丞始”。

宋陶谷在《清异录》中记述：“比丘尼梵正，庖制精巧，用鲊臛脍脯，醢酱瓜蔬，黄赤杂色，汁成景物。若坐及二十人则人装一景，合成辋川图小样。”也就是说，那位名梵正的女厨师，用腌鱼、烧肉、肉丝、肉干、肉酱、豆酱、瓜类、蔬菜，以及金赤争辉的各类菜肴，仿造辋川图景，做出了二十个独立成景的冷盘，将王维笔下的图画，立体呈现在人们的眼前，十分传神。为此，人们将她列入我国古代十大厨师的行列，称她为我国冷盘的祖师爷。

南京有一位被业界称为当代梵正的杨继林。

杨继林（1923—2013年），南京市人，1983年，江苏省人民政府授予其“特一级红案厨师”称号。为南京市饮食公司技术顾问，江苏省烹饪协会名誉理事，南京市烹饪学会理事，中国烹饪协会副会长。2011年8月22日，杨继林在江苏省烹饪协会第五届会员代表大会上获“终身成就奖”。

杨继林十五岁那年，仅读了三年私塾，便因家境贫困开始了学徒生涯。先是在当时南京最大的菜馆“六华春”拜师学艺，满师后到“大上海餐厅”“大富贵”“鸿运楼”“鹤园酒家”掌勺。由于虚心好学，刻苦钻研，积累了丰富的经验，并对冷盘情有独钟，逐步摸索创制了许多花色图案冷盘，如花篮冷盘、万年长青、凤凰牡丹、寿桃冷盘等。1973年，杨继林调江苏酒家工作，在传统的基础上，又创造出百花争艳、孔雀开屏、蝶扇、寿满桃园等图案冷盘。1983年11月，在全国烹饪名师技术表演鉴定会上，以其新颖的构思、优美的造型、精细的刀工、

巧妙的拼摆技艺，博得在场观众及评委们一致好评，荣获冷荤拼盘制作工艺之冠。在烹饪界享有“冷盘大王”和“冷盘艺术家”之誉，是当之无愧的当代的梵正。

杨继林任南京市饮食公司烹饪技术培训班专职教师，继而在常熟中商部全国烹饪技术培训班讲学，还受聘为扬州商业专科学校的兼职副教授，学生遍布大江南北，桃李满天下。严师出高徒，高祥龙在江苏省首届“美食杯”烹饪技艺锦标赛上以“金陵鸭馔”获“最佳冷盘”荣誉。

热心技术交流。他曾代表南京市与苏州、扬州、无锡、南通、常州、镇江、泰州、徐州等地同行交流，开诚布公，毫不保守；同时亦虚心学习各地的长处，以求共同进步，深受同行好评。他多次受外事部门邀请，为来南京访问的外国元首，制作可供食用的冷盘和供观赏的冷盘，受到赞赏。

为了挖掘、继承和发扬我国宝贵的烹饪文化遗产；为了总结自己的烹饪工作经验；为了促进南京地区烹饪技艺的蓬勃发展、使事业后继有人，杨继林将自己在半个世纪中从事冷盘制作的实践上升到理论，写出了《南京冷盘经》，于 1990 年 7 月由江苏人民出版社出版发行。当代草圣林散之为其题写书名。南京大学资深教授吴白匋为该书作序。他指出：“提出了完整理论体系，列举了品种名目及其制作方法，不仅继往开来，便利于高级厨师的培养，而且博征繁引，便利于广大爱好者的选择。”全书分为四章：第一章概述（一、冷菜的形成和发展，二、冷菜的地位和作用，三、南京冷菜的风味特色）；第二章（一、冷菜原料的广泛运用，二、冷菜的色彩和刀工，三、冷菜烹调方法的多样化，四、冷菜调味的变与不变，五、冷菜制作的卫生要求）；第三章冷菜的造型（一、冷菜造型的基本要求，二、巧妙构思与合理配色，三、冷菜装盘的技术要点，四、冷菜装盘的类型及式样）；第四章南京冷菜制作实例，六大类共 93 例；第五章图案冷盘 10 例。这是中国烹饪史上第一部论述冷盘的著作，非常珍贵。

闲云野鹤一布衣：江东周琪

井永明

六朝金粉、十朝都会的金陵，历朝历代都是江南政治、经济、文化重镇。民国时期，南京城南一带商业发达。中华路、升州路、建康路、太平南路、三山街、夫子庙、评事街等街道两旁商家林立、店招牌匾高悬。各个店家老板均花重金恭请书法名家题写招牌、匾额，以装饰自家的门面，显示出店家的气派实力和提升影响并扩大购买力。所以，名家书法艺术成了古城金陵一道亮丽的风景，彰显着古城的文化底蕴。在题匾的名书家中，有国民党元老于右任先生、南京大学教授胡小石先生等。然题匾最多的书家当属南京人氏“江东周琪”也！

周琪（1897—1973）字仁廉、号瑶仙，金陵人氏。自幼随父（晚清廪生）习字，六七岁时写字已见功力；十六岁时崭露头角，开始为店家写大字匾额，三十岁后即以擘窠大字闻名遐迩。布衣终生以写字为职业，潜心研究古今书法，从甲骨文、金文到小篆、汉隶、唐楷、草书、行书，无一不精。法古而不拘古，能取百家之长，深得世人倾慕。大书法家于右任先生曾到周琪字馆与其论书并给予褒誉，可见其人品书作非同一般。周琪擅长书写颜真卿、柳公权书体，写颜字取法钱南园。曾自云：“南京写颜字者，第一当推谭延闿先生，吾可居第二矣！”可见周琪先生之自信自负也！行书喜写鲁琪光（清同治进士、著名书法家，书有欧阳询之遒秀兼米芾之姿韵）。周琪不仅擅工楷亦善行书，刚健中别具妩媚，丰润厚重却透露出富贵气；悬挂于店面非常大气，正迎合商家追求吉利和生财的心理，大受各路店家业主的欢喜，因而求题匾者日众。随着声誉日隆，连外地客商都趋之若鹜而求其墨宝。日寇投降后，东北一商家名号慕名来到南京，送一整张虎皮求题匾额书作，可见其书家之名极盛。有当年城南一带口传民谣为证：“家中藏有万石粮，不如江东笔大王。一年三百六十日，天天家里进大洋。”可见书

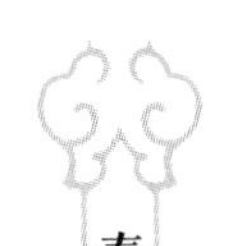

家“江东周琪”盛名一时矣!

民国时，周琪先生曾设字馆于南京城南弓箭坊口，临街开轩，立于一八仙桌前挥毫，常常吸引路人驻足观看。润格店招匾额 1 元（银圆）1 字，对联 8 元，条幅 10 元。家父年轻时喜书法，亦习颜、柳体，行习《祭侄文稿》。常至字馆喝茶聊天论书。周琪有一天问家父，“升恒老棣”你至今还无字号应取一个啊！家父回应：“是要取，周先生给个意见吧？”周琪沉思片刻曰：“吾布衣出身，已取字‘仁廉’；升恒老棣出自贵胄门庭，取字‘仁卿’；弟媳秀丽聪慧、温婉贤淑，就取字‘丽卿’。你意下如何？”家父闻曰：“先生取得好，正合吾意。”至此父母双亲终身只用“仁卿、丽卿”的名字，这也成了一段佳话。后来，家父恭请周琪先生到家中做客，他又为我家的小花园题匾：“小仓园”“乐圃”，书房题斋室号：“两卿山房”并书鹤顶藏名联一帧：

“仁卿侠义辉贤胄，丽媳贞娴有玉容。”

1972 年春季，我跟父亲到长江路周宅看望周琪先生。入门庭只见周老先生半躺于藤椅上，当时已有病了，很瘦，很瘦，看之容颜已垂垂老矣。他看到我们很高兴：“仁卿老弟多年不见哪，现在怎样？”吾父答曰：“还好！就是天天忙工作，难得和朋友相聚一叙。”周曰：“哦！小公子还练字吗？”我答：“临柳公权《玄秘塔》！”周曰：“哦！好！要下足工夫才行啊！仁卿啊！我今非如前，年纪大了，身体差了，望常来叙叙！”这就是周琪老先生留给我的印象。回家的路上，父亲跟我讲：周琪先生有骨气，在日伪时期不依靠权贵特立独行，这辈子活得潇洒。在民国这个乱世中，能独善其身不易，其处世能力和人品书艺还是令人敬重的。

周琪先生生前著有《习字初步》《楷书字帖》。二十世纪一九五七年受命题写“共青团路碑”，至今还嵌入在共青团路上。二十世纪六十年代，还受邀在洪武路工人文化宫举办“书法讲座”，传授书艺，奖挹后学。人品书艺有口皆碑。

城南记忆

徐宗汉创建的民国第一所贫儿院

赵子云

辛亥革命元勋黄兴的夫人徐宗汉，也是位德高望重的辛亥元老。她不仅致力反清革命，还十分热心慈善事业，建于南京的民国第一所贫儿教养院即是她力倡创办的。

民国第一所贫儿教养院

1912 年 1 月，中华民国临时政府在南京成立。当时南京城内外许多儿童无家可归，而广东北伐军姚雨平部在转战皖北苏北后，收留了两百多名孤儿也带回了南京。南京临时政府陆军总长黄兴的夫人徐宗汉，见此情景，心急如焚。她认为这些难童都是国民后裔，其中还有不少是烈士遗孤，于是她怀着一颗仁爱之心向临时政府进言，应速建立一所机构，将这些难童收养起来。同时，她又周旋于社会各界，呼吁海内外同胞、侨胞，有力出力，有钱出钱，速速创办一收容机构，使难童有所养，有所教。经她努力奔走呼号，黄兴带头捐出巨款，海内外许多仁慈之士纷纷鼎力资助。为此，孙中山大总统明令：创办“开国纪念第一贫儿教养院”，并亲笔题写了院名。以南京升平桥（新中国成立后并入白下路）原上元县全部房屋为院址（新中国成立后为公安五处），其章程明确写道：抚育孤儿，使他们就学就业，报效社会。贫儿教养院创建之初，收容了七百多名难童（有说一千名），具体事务由徐汉宗、周其永二位女士负责，南京临时政府陆军部副官处协办。收养的难童一般在十岁左右，最大的也不过十四五岁，院内开设了小学、初中和高中班，设文理课程，兼授专业技能知识。

初创时，课院经费由孙中山先生一次拨给开办费八千元，并规定今后由江苏省长公署每月拨发二千元；另向南京、上海两地教会与慈善单位募捐。由于南京上新河木材商捐出一大批木材，江苏省长公署又拨给大城砖一万数千块，故院方得以在后院复建了一幢四层大楼（抗战时毁于兵火），一、二层为女生教室，三层为女生宿舍，四层为阁楼。男生教室与宿舍则在前院平房内，董事室、院长室、教师预备室、教职员宿舍、食堂、医务室、浴室、电机室等，均在原县衙内的旧屋里。院内还设有地毯厂、花边厂、纽扣厂、军乐队，所有这些厂、队，都是院生从事学习、实践的课堂，其营业利润收入，除付给从事劳动的院生报酬外，其余全部充实院务经费。在教育方面，对所有儿童均实施七年义务教育，即初小四年，高小三年。同时实施初级职业教育，如缝纫、刺绣、烹调、制毯、乐队、木工、商业、会计等。院生受完七年制的教育，并具有一定的就业技能后，除由院部留用于附属各部门外，还负责向社会各单位推荐，给他们介绍工作，使其能自食其力，独立谋生，安家立业。同时，也是向国家输送了一些有用人才。学业特优者，则尽力培养，保送升入师范、职校等处就学深造。如保送升入江苏省第一女子师范学校、第四师范学校、美术专校等。在院男女院生，年满十八周岁以上者，可由亲属领回自由择配。如无处可归者，则由院方负责指导其自由择配。

1937 年，全面抗战爆发，贫儿教养院先迁往安徽宣城，继移重庆，院部工作停顿，师生各自分散。这个创建于辛亥革命时期，历时二十余年的机构从此解体。

开办宣城农场

为使贫儿教养院进一步发展，徐宗汉于 1932 年通过黄兴的学生，当时任安徽宣城县县长周君南的斡旋协助，在安徽宣城北乡茆市办起了一个大农场，专供院生从事农林牧副渔专业的实习场地。这里气候温和，雨量充足，是个十分理想的选地。经周君南介绍，她聘请了当地名医，人品高尚，热心公益的章祥斋先生为院董、委派院教导主任蔡乾九当其助手，共同操持农场场务。章祥斋对黄兴的遗孀（黄兴于 1916 年逝世）如此热心、济世助人大为感动，遂向农场捐地十余亩，现洋三千元，特别难能可贵的是他还停止了收入颇丰的医疗业务，全力投入

到农场的各项事务中。

当时全场有山地五千亩，都种上了松、柏、桐及各种杂木，还有蜜桃、枇杷、砀山梨、葡萄、木瓜等。此外，农场还饲养了二十头乳牛，二百头绵羊，徐宗汉定期安排院生轮流到农场实习，实习时间为半年，每批百余人。有了工场、农场的依托，贫儿教养院越办越好。除了日常的学习和劳动外，农场还定期举行纪念黄花岗起义，纪念辛亥革命等政治活动和菊花会等民俗性喜庆性活动。这些活动通常都有捐款人和社会名流参加，每次工场和农场的有功人员也应邀出席。贫儿教养院和工场、农场互为依托，相映生辉，气象可观。

由于收养难童日渐增多，徐宗汉进一步扩大经营，利用猫子湖和萍花塘六百亩水面，广植了菱、藕、芡及放养各种鱼苗、农场出现一派蒸蒸日上景象，从1935年开始，农场在经济上已经能够完全自主，每年收入达数万元，都用来增添设备，扩大再生产和改善贫儿教养院院生的生活，并扩建了第二分场，第二分场建立之初，由墨西哥归侨黄兰和黄华珍经营，1936年2月至当年夏，由马来西亚归侨熊步唐代管，其后熊返马来西亚筹款，鼓励侨胞投资在宣城组建了“侨植公司”。

受尊重农工先进思想的影响，徐宗汉给予农场职工的待遇相当优越，普通员工宿食免费，每月三次打牙祭（会餐），六次小牙祭，还可得到相当于五六百斤大米价值的月薪，实行八小时工作制。她每年至少去农场三四次，每次逗留十天，并带去奖品，召开大会给有功人员颁奖。逗留期间，她常深入到场里，与场员谈心，平易近人，和蔼可亲。

不料抗战爆发，一切遂遭破坏，生机勃勃的农场沦为废墟，1946年，徐宗汉的儿子黄一美（时任国民政府外交部礼宾司司长）遵从母亲遗嘱，专程去宣城，意欲重整先辈遗业，但终因种种原因而告中辍。

徐宗汉其人其事

徐宗汉（1876—1944）原名佩萱，广东省香山县（今中山市）人。出生于一个茶商家庭，少时随父在上海读书，十八岁时，由父母作主，嫁给两广总督署洋务委员李庆春之子李晋一为妻，不料数年后李病故，遗有一子一女。1907 年，徐宗汉应执教于南洋槟榔屿的二姊函邀，赴槟榔屿。她为人豪爽，有强烈正义感，在那里她参加了反清革命组织同盟会，从此投身到轰轰烈烈的革命斗争中。她在当地积极协助同盟会当地负责人吴世荣等发展党务，后返回国内，与高剑父等人组织成立了广州同盟会机关，秘密从事革命活动。1910 年 2 月和 4 月，她两次参加广州起义。第二次起义（黄花岗之役）失败后，徐宗汉冒死护送负伤的总指挥黄兴至香港，住进了雅丽医院治疗，按照惯例动手术前，必须得有亲属签字负责，徐宗汉就冒充黄兴之妻签了字。在黄兴疗伤期间，徐宗汉对他关怀备至，等到黄兴伤愈出院后，他们便结成为革命伴侣，后徐宗汉又参加了武昌起义。中华民国临时政府在南京成立后，在徐宗汉努力下，南京贫儿教养院诞生，从此，徐宗汉把贫儿教养工作当作自己毕生的事业。

南京贫儿教养院收养的大部分是失去亲人的难童，但他们在教养院里却过着胜似有亲人照顾的生活。一日三餐，有饭有菜，身上穿着教养院为他们添置的衣服。到了严冬，每个难童都及时穿上了保暖的棉衣。他们不但在生活上得到很好的照料，还学习文化，技艺，这些都离不开徐宗汉的精心安排和亲自过问，晚间，难童们入睡后，徐宗汉还如慈母般常常来回细心巡视。

1913 年 7 月，“二次革命”失败后，徐宗汉被迫放弃了贫儿教养院工作，随黄兴离开了南京，亡命日本、美国，继续从事反袁革命。1916 年黄兴病逝后，徐宗汉最为牵挂的就是南京教养院和那里的孩子。由于当时南京处于北洋军阀势力的统治下，她无法亲自去照顾那些贫儿。1927 年，北伐军攻占南京后，徐宗汉立即从上海赶往南京，在黄兴旧部陈方度、蔡乾九等人协助下接办了贫儿教养院，使数百个贫儿及时得到了温饱。黄兴的旧部，司法院副院长覃振也十分关心贫儿教养院，曾建议将该院改名“强儿院”，一以纪念黄兴，一以激励各贫儿自强，徐宗汉鉴于黄兴的“笃实”“无我”性格，没有采纳这一意见。

徐宗汉借鉴上海平民女校的经验，强调贫儿教养院学生要学艺与读书并重，要自食其力，宗旨是：“幼而学之，壮而行之，无不读书的艺徒；一日不作，一日不食，无不做工的学生。”这一办院宗旨，继承了“五四”时期的“工读主义”传统，顺应了当时黄炎培、陶行知等倡导的职业技术教育和生活教育潮流，同时

也部分地解决了贫儿教养院的经费。

正当贫儿教育院发展之际，日本帝国主义发动了全面侵华战争，南京沦陷前夕，徐宗汉带领一部分贫儿流亡安徽、重庆，其中，一度至暹罗。后来她在云南大理鸡山创设一所贫儿院，但因经费困难，不久即停办了。她把那些流亡的贫儿转送至安徽贫儿院农场。因忧时愤世，1944年3月8日，徐宗汉咯血病逝于重庆，日本帝国主义发动的侵华战争，野蛮地摧毁了徐宗汉所从事的崇高的慈善事业。

难忘手工业大楼

谷万中

中山南路位居南京最繁华的地区，随着时间的推移，古老的街道愈加年轻，靓丽，更加现代化了。

南京中山南路于1930年辟建，曾名中正路，其路名更换之频繁，在偌大南京城的干路当中可谓绝无仅有。日伪统治时期一度改称复兴路，抗日战争胜利以后恢复原名，新中国成立以后先是改为人民南路，以后再改成中山南路。

1930年时，只是筑成了新街口广场至淮海路段，此地当时是新兴繁华区，汇集了中央商场、中央娱乐场、中央大舞台、大华大戏院等商业、娱乐设施，还有怕是南京最大，也是最早的官营菜场和保险公司等设施及机构。至于淮海路至白下路段，实在难以想象，当时仅筑成了20米宽的快车道，两边的慢车道依旧还是落后的弹石路面。道路的两旁大多为破旧低矮的建筑，也不算很密集。

二十世纪五十年代，马路上车辆还很稀少，除有少量公交车行驶外，仍有客运马车陪伴运营，而马路两旁的空地，尽数为木材商的乱搭乱建所蚕食，靠近三元巷附近，最显要的处所就是南京重要的殡仪馆。直至1993年以后，中山南路拆迁、拓宽延长至集庆路，此后又继续拓宽向南延伸。

众所周知，如今的中山南路与中山路、中央路等一道，是古城南京的中轴线，是纵贯城市南北的一条通衢大道。

说起中山南路，不免让人想起一处令人难以忘怀的地方。在这条大道的西侧，位于淮海路、丰富路路口，曾经建立过一座层高三层，由红砖垒砌的砖木结构的大楼，与江苏省话剧团的大本营，东风剧场隔街相望，与“新百”“中央”等大商场遥相呼应。用现在的眼光看，它似乎很不起眼，然而，在二十世纪五六十年代，那可了得，在当时的新街口地区，从单体面积、层高上看，也算是数得着，排上号的一座建筑了。它的正式名称是：南京市手工业产品门市部，老南京总习惯称之为“手工业大楼”，或干脆叫“手工业”。

该楼建立于二十世纪50年代，占地面积约4000平方米，是集商场、办公楼于一体的综合楼。一、二楼为商场，主要经营南京市二轻系统各家生产企业的各类产品，顶层则是南京二轻系统的办公区。当年它曾经与“新百”“中央”一道，同为南京人的“购物天堂”。

手工业大楼里各种生活日用品，像筲箕、菜篓、床上用品、婚嫁用品等，一应俱全，应有尽有，地产名牌：大桥牌自行车、钟上山牌手表、万里皮鞋、长江牌绒线等等，都是这里的“抢手货”。很难想象，在那时候，到手工业去淘“清仓物资”，竟然也是闲暇时刻人们刻意安排的重要活动内容呢。走在南京的大街上，耳际不时能听到这样的对白：“哟，这东西哪块买的？”回答：“手工业。”答语之中，喜悦之情溢于言表，想不到吧，这可是那时大伯大妈，工友姐妹们路遇时一句频率很高的招呼语呢。平心而论，那时候在手工业购买商品，价格令人放心，童叟无欺。

此后，这座大楼名称几经更迭，先后称二轻商场、海峰商场、金汇利商场，等等。随着改革开放的深入，这里曾经发生了一件大事：1994年1月26日，南京二轻工业供销总公司登报以15万年薪招聘二轻商场总经理。以高于当时人平均工资35倍的高薪公开招聘，引起全市轰动。

至二十世纪90年代末，随着新街口地区的大规模现代化改造，历经数十载风雨的老楼终被拆除。在它原先的地面上竖起了中国银行大厦。老南京人的购物天堂，手工业大楼终于走入历史的深处。

铁管巷记忆

陈仲凯

翻开南京市的地图，你会看到新街口中心地区有一条大街名称“王府大街”。可是你知道吗？新中国成立前这里是一条小巷名称“铁管巷”。

二十世纪四十年代的铁管巷是一条很不起眼的小巷。全长也不过半里路，道路是一条不能同时经过两辆车的碎石路。那时巷子里也没有高楼大厦，路两边都是矮小的平房，最高的建筑也只是两层楼。沿着巷子从北往南走，你可以看到米店、烧饼店、油条店、马家豆腐涝店、牛肉面店、洗染店，木器店……还有一家老虎灶（茶水炉）。最南面有一座和尚庙，有趣的是一进庙门菩萨面前挂着一个鸟笼，里面养了一只八哥。只要有人进来，它就大喊一声，“八哥，猫来了！”，“八哥，猫来了！”往往吓人一跳。二十世纪五十年代烧香的人少了，后面二进大殿成了织锦工人的活动场所。每月活动一次，他们除商讨业务以外经常是演出南京白局（南京白局又称南京白话，是南京云锦工人在沉重的劳动负担中创造出来的，用来消除生产劳累、脑闷愁肠的一种娱乐方式）。那时我年龄尚小，听不懂唱的内容，只是看看热闹而已……南京最大的“五洋商场”（兴中商场）其后门也在这条巷子里。

在南京新街口的中心地带，当时这里居然还有许多菜地。一直到二十世纪八十年代，铁管巷一带还有水塘，菜地和蜿蜒的田间小路。随着改革开放，新街口四环路的出现才渐渐有了变化。

我家最早住在铁管巷 39 号。这是一个从东到西的大杂院。院子里住着七、八家人家。居民大都是做生意的，有卖布匹的，有卖猪肉的，还有卖香烟的。我的童年生活就是在这里度过的。

童年生活是十分有趣的。那年头家家小孩都很多，大人们都忙于生计也无暇

管小孩。我们除了上学以外就是在外边玩耍。一条小巷子一到傍晚，一声吆喝就有十几个小伙伴在外边做游戏。经常玩的是打弹子、踢毽子、拍洋画、打梭、滚铁环、拍皮球、盖房子……还有集体游戏，如捉迷藏，老鹰捉小鸡，官兵捉强盗等。每年夏、秋季的晚上，许多小朋友一跑就追到新街口广场孙中山铜像前面。跑累了就在这里休息一会，有的还在广场斜坡上滑一会……

岁月飞逝，一晃数十年已过去。如今的铁管巷（现已改名“王府大街”只保留一小块名称“东铁管巷”）已是南京市繁华中心。地处“金鹰商城”“东方商城”“金陵饭店”“华联商厦”之间，成为华东地区含金量最高的第一商业板块，可谓是寸土寸金。昔日的小巷面貌已不复存在。站在这些高楼大厦下面，我们仿佛又回到那童年时代，那难忘的记忆，儿时的伙伴，那家牛肉面店的“阳春面”等情景久久挥之不去。

最近又传来好消息，保留下来的新街口东铁管巷，已被某地产公司以 47.7 亿元拿下，将被打造为南京新地标，建成以金融为主导产业的国际金融城。

渐行渐远老店铺

谷万中

在我们居住的这个城市，曾经有许许多多老店铺，它们在国计民生中担当重要角色，可谓举足轻重，长期以来，它们与百姓联系是那样紧密，乃至于不可或缺。然而近些年来，由于社会的飞速发展，生活方式的不断改变，这些老店铺相继淡出人们的视野，悄然退出了历史舞台。

黯然淡出的绸布庄

南京的丝织业历史悠久，遐迩闻名，作为流通领域，南京绸布庄（店）也曾老字号云集，名扬四海。旧时南京绸布庄，多集中在城南承恩寺、黑廊巷一带，即今天的三山街口附近，那里曾经是南京最繁华的商业中心区，"天福""天纶""瑞丰和"是其中佼佼者。三山街口的天福布庄，高大气派，楼顶为一座塔楼式建筑，红色招牌"天福"字样，十分夺目，曾经是这一地区标志性建筑，前来购料子做西服、选绸缎做旗袍的人，总是熙熙攘攘，络绎不绝。新中国成立后，绸布店得到很大发展，新百、中央等大商场，为适应市场需要，纷纷扩大布柜营业面积，久负盛名的老字号，像老久章、九龙、华纶，尤其后来新建的鼓楼红霞布店，一时间成了姑娘、媳妇、阿姨和大妈们时常念叨的地方，在哪家布店觅到心仪的布料，常常成为女士们工作之余值得炫耀的话题。这个时期的布店顾客盈门，店内人头攒动。每每遇到紧俏商品、新花色，或是划算品种（凭票计划供应时期），店堂里便会排起长龙，大家争相购买。布店的收款方式也很别致，店堂上方一根根细铁丝，通向位于一角的收银台。营业员为顾客剪下布料后，将其叠起来暂放一旁，先收钱、开票并卷起，用木夹夹牢，通过铁丝将钱票打至收银台，收银员

验收后，将所找零钱和发票再返回来，然后营业员方将衣料等交给顾客，十分便捷。如今，让人眷恋的布店和大商场的布柜，都相继淡出，老字号布店退隐江湖，大商场里不再兼营布料的零剪业务，取而代之的是蒸蒸日上的成衣行业，这不足为奇，它是时代进步的必然。

不可或缺的国有粮店

曾几何时，在城市的大街里弄，分布着众多粮店，计划经济时代，为了安排好人民生活，国家对粮食、油料等关系国计民生的主要食品，实行统购统销，于是，粮店便是平民生计最重要的供应渠道。起初，粮店设施大多简陋，仅一两间民房，一间做营业间，一间用作仓库，粮食堆放在称为“折子”的层层叠加的圆形粮囤里。顾客交齐钱款和粮票以后，换回相应的竹筹子作凭证，交给发货员，发货员用笆斗盛米，称好后交付。后来，众多粮店对设施作了改进，大米进货直接输送至高位粮仓，发货时，通过漏斗将一定计量的米放下来，经过称重以后交付顾客，既方便又快捷，还减轻了发货员的劳动强度。粮店不仅经营米、面、油等食品，还供应黄豆、绿豆、花生米等经济作物。困难时期，连山芋等，都要通过这个主渠道销售。记得当时，一斤粮票买 8 斤山芋，用它充饥，人们可以缓解一下缺粮窘境。遇到有好的中粳米，或是其他划算品种，便会排起长龙。粮店隶属于所在区的粮食局管理，在粮店工作，被认为是个“铁饭碗”，通关系、找熟人的情况，时常让人应接不暇。进入市场经济以后，国有粮店终于完成了它的使命，遗憾地退出历史舞台。

与南京阔别的酱园

南京的酱园历史悠久，自成体系，堪与苏（苏州）、浙（浙江）帮等齐名，曾经蜚声四方。想当年，各帮厂、店多系酒、酱综合经营。远在湖南占有一席之地的南京帮“戴同兴”，创立于 1796 年（清嘉庆元年），经营酒、酱、香干，以佳酿美酒而驰名。有“以碧湘门外江水造酒，不减吴中佳酿”之美誉，扬名长沙城。旧时街头，分布不少酱园，主要经营酱油、盐、醋和腌制小菜等。经营模式，多为前店后厂，它的规模，较之其他店铺，则要更大些。店面可谓器宇轩昂，整个店堂的色调均为枣红色。柜台高大、宽敞，柜台前端的镏金牌匾更是富丽堂皇。后厂占地面积较大，一排排安置了许多大口径水缸，盛放各种腌制、酿造的经营品种，上面用圆锥形的盖子封顶，颇为壮观。“徐恒大”“聚美”“荣美”等，是南京酱园中享有盛名的老字号，他们制作的许多酱菜品种，足以与扬州、镇江的小菜相媲美，徐恒大的霜酱红萝卜干和霜酱瓜，工艺精湛，腌制周期长，口感上乘，“老南京”们至今谈起来仍然津津乐道。那时候，生活水平低，百姓人家晚餐一般不做菜，仅吃点稀的，尤其夏天。所以，每天下午三四点钟以后，酱园门前就会排起一溜长队，购买佐餐小菜，像萝卜干、大头菜以及各种酱等，最受欢迎的当数由各种时鲜小菜为原料，切成丝拌和而成的什锦菜了。酱菜的包装十分有趣，选取的包装材料，是既清洁又无污染的新鲜荷叶。以后由于荷叶逐渐短缺，包装才由纸张所替代。随着生活水平的提高，超市模式的出现，加之酱菜的工厂化生产方式等原因，酱园行当逐渐地退出市场。

始终“低调”的煤炭行

旧时有米行、木行，经营柴炭的，通常称为煤炭行。“柴米油盐”四个字，泛指人们日常生活必需品，“柴”字列其首，足见其重要。柴，即柴火，是能源，与人民生活息息相关。煤炭行所担负的就是能源供应工作，由此不难看出它的地位。柴字也是在不断进化、变迁的。早期，人们烧饭多使用农民送进城的柴火，茅草、树枝、秫秸、稻秆、杂草等，后来逐步变化为木炭、碳基、煤球乃至煤基，至于煤气、天然气等，则是以后的事了。自二十世纪五十年代开始，大量的煤炭行（店）应运而生。虽然煤炭行的作用如此地重要，然而，它总是不显山不露水，始终保持低调，默默地为百姓服务。分布在全市各处的煤炭店，店面均十分简朴，没有任何装饰，就连店名都是用红漆随意写上了事。简简单单一间屋子，设一个营业间，里面坐个人，记证、收款、开票，大量的空间，用作堆放煤炭、煤基、煤球等货物，墙面常常沾满黑乌乌的煤粉。店里配备几名发货员，负责称重、过

数发货，为了方便顾客，店里还准备几付挑煤基的担子，供顾客借用。困难时期，煤炭也实行按计划定量供应，凭证购买，用量大的人家，还要向别人家调剂购买。有时货源紧张，尤其在冬季，煤炭店也会排起长队来。为了方便群众，许多煤炭店纷纷推出煤屑回收和送货上门的服务。那时，人们的生活实在节俭，煤基、煤球不慎打散，总是小心地把它们收集，甚至连日常家中抖落的煤屑人们也不舍得放弃，到一定重量后，送煤炭店，换回相应的煤球或者煤基。后来，随着煤气、液化气的广泛普及，煤炭店完成了它的历史使命，广大从业人员纷纷转行，逐步退出了人们的视线。

戛然而止的炒货店

旧时南京，繁华市面上散布着许多家炒货店，专营瓜子、花生等炒货，由于价廉物美，生意很是红火。这些炒货店，多为前店后厂的格局，店面一般不大，大约 6 尺柜台，竖一块店号牌匾，柜台内靠墙一路货架，门前柜台上一溜排放着几个大口玻璃瓶，盛放热销品种。自每年的阴历八月开始，各家炒货店就纷纷忙碌起来，一直要延续到来年的春节以后，这期间是炒货的旺销季节。说起炒货店的包装，还蛮有趣呢。那时还没有塑料袋，买大宗炒货，通常是使用纸质包装袋包装，而零星买卖，则是一种三角包式的纸包装。店员都有一套硬功夫，往往勿需用秤，按顾客需求，买多少就抓多少，包成三角形纸包，包装紧固，分量充足，童叟无欺。在我的记忆里，炒货店的主打品种是花生米，南京人称“生果仁儿”。花样繁多，有椒盐的、五香的、玫瑰的，各有特色，耐人寻味。其次是各种瓜子，白瓜子、葵花子、西瓜子等。再就是蚕豆，其加工方式有多种，炒蚕豆、牙蚕豆，还有油炸蚕豆瓣等。小时候，父亲下班以后，每每在炒货店里花上几百元（旧版人民币，即几分钱），买一包花生米带回家来，我高兴不迭，吃在嘴里真是香脆可口，味道好极了。一颗一颗地吃还觉得不能解馋，母亲有办法：抓起一小把，放手心一搓，在嘴边一吹，花生米皮全部脱落，吃起来就更爽，更过瘾了。1962 年前后，突然之间所有的炒货店都销声匿迹了，一下子都换上了食品店的牌子，后来才知道是由于当时农业的歉收，炒货店没有了货源所致。

烟火老巷忆陆林

井永明

孝顺里是门西的一条烟火气十足的老街巷，传闻清道光年间的江宁知府李璋煜，曾教育当地一位不孝之子，将其改变成大孝子。知府为改变乡风民俗，教育大家行孝道，树立好风尚，褒奖鼓励启迪百姓行孝尊老，特名此巷为孝顺里。它北接殷高巷，南抵谢公祠。毗邻荷花塘、鸣羊街，是一条南北走向二百多米长的巷子，巷内有清末大臣刘瑞芬府邸（人称刘钦差）；曾国葆公祠，曾国葆是两江总督曾国藩的五弟，其病逝后清廷诰封靖毅公，儿子曾广泰建祠堂以是追谥，小巷内才有了名人府邸。清末时，这条小小巷子曾经是车水马龙，迎来送往的地方。

少年时，常在路上看见一老者在路上行走，肩扛长枪短棍，上挂刀剑等兵器。一路上嘴中哼哼、面露逍遥之态，一眼观之有麈世隐翁之貌。有一天，我跟父亲讲了此事，他告诉我此老翁是陆林，住在我们门西孝顺里 38 号，是练武之人。曾任“中华民国南京中央国术馆”一等教习，传授少林八法门洪拳。

“文革”时，父亲带我到白鹭洲公园观摩过陆老先生教拳。他在四方轩中教徒练拳，当时给学生教的是“红孩儿拜观音拳法”，七十来岁的老人精气神十足，边演示边讲解，观者见其拳法身手敏捷，无不敬佩之。

1971 年，我初中同学晏传林拜陆林先生为师，学习六路少林拳，我亦随同到陆老家拜望。陆林老先生豁达开朗，对待晚学睿智幽默。因陆府离我家大仙鹤街很近，穿过鸣羊街就到孝顺里。所以经常到陆老府上，听他讲些武林趣闻逸事，武林秘籍等。他在年轻时，一次到镇江打擂比武；清晨赶路因内急，在一户人家的后墙窗外方便；因弄出生响被人家大骂一通。他一时性起，施展少林靠背功向墙上靠去，只听“轰隆”一声响，房屋的砖墙被撞出一个大洞。陆老讲：“自己闯了祸，连忙撒腿就跑，一眨眼的工夫就跑出了三条街。”讲到此时，老人狡黠

的眼神里透着得意，笑得很灿烂，真有点老少年的意态。因我曾祖父是清朝武举人、官至江宁府城守营守备，与他的恩师金佳福先生是姻亲之故。他跟我大谈特谈恩师金佳福：在清末民国金陵武坛上，是名气如雷贯耳的人物。对师傅的三大绝技赞不绝口，敬佩的五体投地。一绝壁虎功，二绝怀阴腿，三绝一指禅，武林中无人可比。其南派少林拳法质朴无华，拳架紧凑，出招快捷，技击性强，刚劲有力，刚柔兼备。陆老先生还拿出金佳福八十岁时，拿着春秋大刀拍摄的照片；照片上的长者白须长髯飘于胸前，神情凛然、英姿飒爽，有精武英雄之貌。他讲练少林拳有五法要点：要心明、眼清、手快、步准、身稳。做到五法同时运用，"拳打三分，脚判七分"，"手是两扇门，全凭脚打人"，故少林拳首重步法：弓裆步、马裆步、躺裆步、鸡档步、弦裆步等，所以拳家有"与敌交手，靠足赢人"之说。

金陵老武术家陆林先生，字祖钧（1890—1976），金陵人氏。年轻时，先后拜列过李德贵，神枪李书文，双刀李凤岗，著名武术家金佳福等著名武术大家门下。年轻时习武着魔，日练夜思，武功日见长进。身材虽小巧，然身轻如燕，发力寸劲，刚柔兼备。武术擅长五毒断魂手、罗汉拳、童子拜观音、南派六路少林拳、大洪拳、小洪拳、五路燕青拳，器械有李元霸双锤、两头枪、龙形剑、丈八蛇矛、焦赞梢子棍、方天画戟等兵器，及润气功、十八罗汉功、十三太保硬气功等功法。

陆老一生以教徒为业，晚年跟儿子陆德霖生活在孝顺里。每天到白鹭洲公园传道授业，教了很多徒弟。徒弟有时带上酒水菜肴陪同陆老品尝，他有酒喝特开心，讲得多、教得更勤，徒儿学得更来劲。待午后三、四点，再扛着刀枪棍棒慢悠悠往家回。八十岁时，有一次在白鹭洲公园喝多了酒，在回来的路上把嘴里牙跌掉几颗后。而决不改嗜酒的习性，仍然乐此不疲。

有诗为证：

陆林老叟近痴癫，
肩负刀枪入碧园。
教授拳功传秘籍，
云霞落照守天阍。

陆林一生教徒无数，但子嗣中却无人习武可为憾事，而得其衣钵者有练武之人葛瑞麟、芮金龙、胡振国弟子等。

近日我到孝顺里 38 号其故居走访探望，追忆时光往事。故宅依旧，练拳的小院已盖成小屋，门窗还是那个门窗，就不知是不是其子孙所居也。时光如梭，斯人已逝近五十年矣。记忆就如昨日一样浮现于眼前，一代武术名家就这样泯灭于烟火街巷里！

艺坛博闻

《十二琴草堂印谱》漫记

刘　甦

十二琴草堂，乃古琴艺术家王生香先生的斋号。其生前从1948年即客居金陵冶山道院。王生香（1902—1975），原名敬亭，号卖履翁。其斋名“十二琴草堂”，山东费县人。早年受过师范教育，做过教师，曾任山东省费县县长。早年师从山东诸城派琴学大师，北京大学古琴、琵琶教授王心葵（王露）习琴，得其亲传。

先生自从王露习琴后，视古琴为生命，操琴不辍，著有《金陵访琴录》《冶山琴谱》《鉴琴六要》《〈广陵散〉商榷》《神奇秘谱》《指法一斑》（1957年2月南京文化局油印出版）、《琴道新编》等数十万言琴学著作，皆为琴界所重，惜大部未能出版刊行。

据《中国艺术研究院音乐研究所藏中国音乐音响目录》（山东友谊出版社1994年1月版）所载，其中收录有王生香所弹《长清》《风入松》《古交行》《猗兰》《渔樵问答》《中秋月》《双鹤听泉》《秋江夜泊》《平沙落雁》九首曲目录音。其所弹琴曲《猗兰》在人民音乐出版社出版的《古琴曲集》第二集（许健、王迪编1983年刊发）中刊载。

先生一生钻研琴学，其琴学造诣亦为琴坛所公认。1963年应邀出席全国第一次古琴打谱会议。全国受邀与会代表十一人。有山东张育瑾，南京王生香，上海吴振平、姚丙炎、张子谦，沈阳顾梅羹，成都喻绍泽，南通徐立孙，广州杨新伦，北京管平湖、吴景略、傅雪斋等（据第一届全国古琴打谱经验交流座谈会“七弦琴音乐会”节目单记载），先生演奏了琴曲《风入松》《冶山新貌》。林散之曾作诗《王生香弹古琴》赞之，诗前有序：“王生香先生嗜古琴如性命，很有学问，不是争一句一曲之奇。力求多方面掌握与琴艺相关的知识，我表示佩服。”继为诗赞之:“我不善弹琴，亦知琴中意。虽从十指求，不专十指事。会心不在远，此道有孤诣。更得书卷情，养吾浩然气。有法而无法，千古传真谛。在汉蔡中郎，孤桐识材器。在晋稽中散，广陵自矜秘。要皆旷代才，各以琴为寄。非如后代人，胸多万斛累。宫商事征逐，徒为衣食计。所以百世下，无从觅奇异。生香鲁奇士，羁旅江南地。爱琴若头目，访琴日有记。抗古得希声，一脉能成继。辛苦数十年，抱饥不忍弃。今年七月秋，政协召会议。风尘得相遇，欢聚两心契。一度闻雅奏，清音出绝技。春暖百花开，习习香生袂。几讶风雨来，冷泉年空翠。复惊海潮音，万马列奔驷。此曲久未闻，乍聆如梦寐。偃寒聋聩人，未能司三味。雅爱负严生，徒存山水志。弦外赠知音，二百五十字。”

先生钟爱古琴，贫困之时，卖履为生，却依然将其珍藏的大部分古琴精品，于 1986 年 2 月无偿捐献给国家。据南京市文物保管委员会记载，其中有“大唐雷霄制唐龙吟琴、唐古涧松琴、南宋永乐琴、明蛇腹断纹琴、明细蛇腹断纹琴等六床”。

王生香先生精于琴学，且博学多艺，与金陵诸多学者相交甚厚。“十二琴草堂印谱”是先生汇聚诸多学者为其所刻印章而成之印集，该集按金陵学者为其刻印治印先后为序，有：王一羽、倪成模、高月秋、方永济、谢伯敏、萧娴、谈月色、张寿谷、钱瘦竹、汪琪、黄石鑫、王熙如十二位先贤。其中为人熟知的有萧娴、谈月色、钱瘦竹。

萧娴（1902.11—1997.1.16）字稚秋，号蜕阁，署枕琴室主，贵州贵阳人，客居金陵，自幼随父萧铁珊遍习名家墨迹，曾应邀与谭延闿、高剑父等书坛名宿为二沙岛风景区写碑刻石。有“粤海神童”之誉。二十岁随父移居上海，康有为偶见萧娴临写的《散氏盘》，曾题诗相赠有“雄深巷浑此才难”之语。其创作的《临竭石颂》被选入 1932 年编印的《当代名人书林》。章士钊评其字有“大字雄奇小字肤腴”之句。其书艺以“三石一盘”（篆书《散氏盘》《石鼓文》；隶书《石门颂》；楷书《石门铭》）为宗。更有“笄女萧娴写散盘，雄深巷浑此才难，应惊长老咸避舍，卫管重来主拈坛”的康有为诗句。后萧娴师从康有为学艺。其书点画纵横驰骋，外放内敛，大气磅礴。

“十二琴草堂”印，萧娴刻边款记有“生香同志属，娴刻”。

谈月色（1891—1976）本名郯，原名古溶，又名溶溶。幼年出家为广州檀度庵比丘尼，法名悟定。因晏殊诗有“梨花院落溶溶月”遂取字月色，以字行。晚号珠江老人，因行十，又称谈十娘，其斋名“梨花院落”“茶四妙亭”“旧时月色楼”“汉玉鸳鸯池馆”，广东顺德龙潭乡人，擅长工诗善书画、篆刻、瘦金书、画梅驰誉海内外，有“现代第一女印人”之称。

1931 年，其与蔡哲夫编著有《广东城砖录》，1936 年，蔡哲夫赴南京博物院担任鉴定研究员及国史馆编修，谈月色随夫同往，客居金陵。

书画得益于黄宾虹、李铁夫、王福庵等指导，画梅犹得吴昌硕、扬州八怪之法，以 1935 年所绘《蟠龙梅景图》最为人称道。其书画篆刻将瘦金体融入其中，形成拙朴古穆之气，自然秀丽、雍容典雅。

“中华民国”成立前夕，“中华民国”象牙国玺即出于谈月色之手。

近代诗人苏曼殊有诗赞其“画人印人一身兼，挥毫挥铁俱清严”。其印章多出自谈月色之手，为李宗仁、李济深、程潜、蔡元培、柳亚子等名人所钟爱。

新中国成立后，经柳亚子举荐，后由民政部通知，谈月色为毛泽东主席治印。曾刻治“毛泽东印”“润之”之印，并刻有边款“刻奉润之主席，睿见存念”之语。

生前为江苏省文史馆馆员，曾三次在江苏省美术陈列馆举办“谈月色书画篆刻展览”。“南京图书馆馆藏”印也为谈月色所制，其首创瘦金体书入印，铁划银钩，劲健秀逸，笔意尽显，为世人所慕。

“十二琴草堂”印，谈月色边款刻有“甲辰春末，谈月色作时年七十有四”。

钱瘦竹（1900—1978.4.5）名律，号君，又号易文，无锡人。其书法以碑学为源，兼及诸体，上及汉隶、竹帛、秦诏版、权量、钟鼎诸文字。以《爨宝子》、竹帛书、秦诏版为其书体之本，三者融合，形成独特风格。

1973 年，林散之、高二适、萧娴、钱瘦竹曾在南京书法印章展览会门前留有一张合影，这也是“金陵四老”生前唯一的合影。

钱瘦竹能书善画、篆刻尤精。晚年曾精研诏版文字、集其字成诗十余首，作《秦诏集辞》卷。高二适先生赞其所书《秦诏集辞》为“古今第二手”（见《高二适书法集》P80）。

就篆刻而言，高二适首作诗《赠瘦竹翁》。诗云：“锡山钱叟能铁笔，五百年来始见之。自是神功甚别传，便教老手一裁诗。”金陵学者王敦化也誉钱瘦竹为“金陵篆刻第一人”。

林散之先生常用的闲章“大年”为钱瘦竹所刻，林散之曾作《瘦竹先生治印图》赠钱瘦竹，并赠书对联“大力集秦诏、多情刻籀文”，可见两老相谊之情。

“十二琴草堂”印，边款刻有“瘦竹”，先祖师与诸多文化名流，相交甚广，以情琴会友、诗文书画相赠，留下诸多文化佳话。

王生香因病于 1975 年仙逝。书法家高二适先生撰书的挽联“一曲古交空自屋，半操秋塞渡清吟”，则是对其琴学人生的经典评价。

哲人已逝，书画诗印琴情谊长存，可谓文化传承之本，聊记先贤逸事，以志纪念。

明清淮上四家书法选读

杨献文

小西湖主人徐霖《草书中堂》

徐霖（1462—1538），先世苏州人，后高祖迁华亭（今属上海）。霖出生华亭，六岁父亲去世，随兄徐震移居南京，亦称南京人。字小仁，号髯仙，又号髯翁、快园叟、九峰道人。一生经历了成化、弘治、正德、嘉靖四个朝代，身负奇才又有奇遇，“明武宗皇帝两幸其家”，被称为明代中叶一位奇士。

他擅长辞赋，精通音律，正德时与谢承举并称“江南二才子”，与陈铎并称南京“曲坛祭酒”。戏曲作品《绣襦记》，是中国戏曲史上南戏向传奇（小说体裁之一）过渡的重要作品，为南京都市文化史增添了一抹亮丽的色彩。

书法和绘画，是徐霖一生中最显才华的技艺。“五岁，日记小学千余言，七岁能赋诗，九岁大书辄成体，通国呼为奇童”；“十四岁补弟子员（府学学生），书、文均显出天赋。因任傲不谐俗，倜傥不羁，坐事削籍，失去府学学籍，而殚力藻翰”。这反而成就了他的书画艺术，正、行、草、篆并绝海内，甚至名播海内外，朝鲜、日本的一些使臣“得其书者，世袭为珍”。特别是篆书，时谓之“神品”。

三十九岁时已名满人耳，依靠书画收入，在今武定桥东南开辟了精美的宅园——快园，后人呼之“小西湖”。明正德四年（1519），荒淫皇帝明武宗“两幸其家”，在园中池水钓鱼，得金色鲤鱼一条，宦官争购之。武宗大笑，失足落入池中，衣服湿透。俗呼园中池水为“浴龙池”。

徐霖被授官锦衣镇抚，次年随从皇帝北行，至京城北京，授官禁近。后武宗驾崩得还，终老于快园。

此选徐霖行草书，纵198.6厘米，横106.2厘米，为巨幅中堂。作品摇曳而洒脱，神完气足，且筋骨内含，乃世间之珍品！

刑部尚书顾璘《屏山草堂书》

顾璘（1476—1545），字华玉，号东桥，明南京上元县人。先世为苏州吴县人，高祖顾通于明洪武年间以匠作技艺被朝廷征用，迁上元县。其居遗址在今淮青桥东。璘少负才名，青年时代科场得意，于明弘治九年（1496）二十一岁中进士，授官广平知县。后官至刑部尚书。

爱惜人才。张居正少颖敏绝，顾璘召见，奇之许以国士，呼为小友，赞之“此国之重器！”

明嘉靖十九年，居正中举人，恰巧顾璘在湖北安陆县督工。居正至安陆见之，顾璘解下腰间所系犀带赠之，并嘱其不要轻易赴京应试，应待羽翼丰时。受顾之熏陶，于明嘉靖二十六年（1547）中进士，时顾璘已归道山二年。日后成为权倾一时的国相。

年轻时，顾璘好学，其诗“矩获唐人，以风调胜”，与沂、王韦友善，人称“金陵三俊”。其虽身居南京，无法忘怀故乡苏州，和祝枝山、徐祯卿、唐伯虎相交颇深，尤与文徵明为莫逆之交。俩人相交相知，每在南京相遇，则促膝长谈，秉烛夜饮。故其行草书，受文征明影响，以二王为宗，得力于《圣教序》，且受宋人黄山谷影响，字字峭拔舒展，用笔潇洒飞动。人赞其“笔力高古，翩翩有晋人意”。

大报恩寺僧憨山《永嘉真觉大师证道歌》

憨山（1545—1623），法名德清，字沃豆印，别号憨山。明四大高僧之一。明金陵全椒县古一察浅人（今安徽和县绰庙先锋村）。俗姓蔡，十二岁寻佛于金陵大报恩寺，留寺学习。十九岁受西林大和尚剃度为僧，至明隆庆五年（1571）二十六岁时，踏上行僧之途，往五台山等处修行。其间，在金陵大报恩寺学习修行了十四个年头。之后，历经千辛万苦，又在五台山、山东牢山海印寺、广东南

华寺等处修行，研究佛学，影响深远，被誉为中兴祖庭宗师。一生致力佛学研究，著述丰硕，弟子万千。明天启年间，圆寂于南华寺。肉身法像供奉于南华寺。

憨山宗师诗文书法，皆有造诣。书法师唐人欧阳询、虞世南，善行草书，含蓄凝练，秀润中和，于平淡中见笔力。当代书法大家启功先生，对其书法具有很高评价，有诗云："憨山清后破山明，五百年来见几曾。笔法晋唐原莫二，当机文董不如僧。"

金陵制造局首任总办刘佐禹《临石鼓文》

刘佐禹，曾任清直隶州知州，江苏候补道员。清同治四年（1865），担任金陵制造局（其址今为"1865"产业园）第一任总办，当时英国人马格里为督办。该局为晚清洋务运动中开办较早的四大兵工厂之一，其余三家为，曾国藩1865年在上海创办的江南制造局，左宗棠1866年在福州创办的船政局，崇厚1867年创办的天津机器局。金陵制造局主要制造枪炮、弹药、水雷等。

刘佐禹喜写篆书，今见其石鼓文临本一册，尺寸33×17.2厘米。此当为其日课，即每日学习碑帖的功课。观其书风，受清末常熟杨沂孙影响，沉静幽雅，书卷气十足，且笔力厚实。其写石鼓文，略早于吴昌硕，虽无吴的雄中带逸之风，亦不乏静逸流动之气。

丁二仲与张希伯

范少华

丁二仲（1865—1935）名尚庾，又作上庾，庾。字二仲，又字二中，丁六子。斋号十七树梅花山馆，潞河人（今河北通州区）。祖籍浙江会稽。为清代末年，鼻烟壶内画，京派四大家之一，精通金石学，篆刻，竹刻。

八国联军入侵，二仲父奉命参战，鏖战中以身殉国，二哥也殉国，乃侍母南下金陵，投奔舅父，寓居白鹭洲边长生祠。结识李瑞请后，1920 年被聘在南京高等师范学校任教，现东南大学有棵六朝松，松边小屋名“梅厂”，为当年该校遗迹。

张希伯在今瞻园路 163 号，即南京古玩城之地，经营金石碑帖、古玩字画。先生亦号熙园，亦作希园。南京古玩业协会经理，以商铺“经古舍”为会址。

丁二仲先生曾画山水一幅，题赠希园社长。所见丁二仲山水画仅此一件，故此件已相当珍贵。金陵金石书画协会是南京历史上首次成立的金石书画会，协会设址在张希伯的“经古舍”，其匾尚存雨花区文化馆，馆址在今板桥，由金石名家李瑞清题写。此画成画于 1934 年，而 1935 年丁先生病殁于长生祠，成立近两年的金陵金石书画协会由此而解散。“经古舍”在瞻园路的中段，而张希伯的儿子在泮池边经营一家古玩店。其名张舜铭，擅古钱鉴赏，新中国成立后公私合营中进入南京文物公司十竹斋。

丁二仲先生深受吴昌硕影响，以刻烂铜印名世。丁先生功力深邃，别有旁通，山水花鸟不输陈师曾，独领风骚。先生与张謇、李端清、谭延闿、叶恭绰友善，尝在南京高等师范学校，讲授篆刻金石，有《蓉园藏印》存世。他的山水、花鸟仿宋元和明清绘画，博雅深邃，别具一格。二仲先生的印风于钟鼎铭器、封泥，皆以民国印风取向，烂铜印是先生写意印风的主体。从古印中汲取营养，追求侵蚀风化的印象，这是先生的特色。以书入印，继而印内求印，字为印用，以刀继之，用凿印之法，古意尽显，拙朴盎然。

我与恩师韩少婴先生的不解之缘

邹大耳

吾幼时即喜诗书画印，十七岁时有幸拜入韩门。此后随先生习诗书画印，吾与先生的师生之缘也从此开始。

先生以“诗书画三绝兼擅，文史哲一以贯之”而享誉画坛，更为难得的是他对于中国美术史有着精深的研究与独特的见解。二十世纪六十年代曾注释《南宋院画录》《玉台画史》《画禅》(未版)。也曾为徐邦达先生所编《中国绘画史图录》指出多处错误，得到徐先生赞誉并回复再版时一定改正。

如不是精于史论和独具见解，先生又如何能为俞剑华、刘汝醴、王敦化等著名的专家学者所深知和推崇。先生展示了名家风度、哲人风采、诗翁风骨，臻备“人书俱老”的境地。

1977 年，日本远藤光一先生所翻译的文本《石涛画语录》(俞剑华点校本)，特请吾师用毛笔为其作序。此文本发表于日本美术杂志《萌春》上，远藤光一先生曾寄赠一套杂志，并在每册文章前恭敬地用毛笔写下：“谨呈　韩少婴先生　远藤光一”，加盖远藤光一印。然吾师生前并未收到此杂志，也无人知其缘由，此乃历史之谜也。

2008 年元月，吾接到一署名于波的陌生人邮信，信中讲述了一段传奇而令人惊喜的故事。现居秦皇岛的于先生偶去书店，无意中发现旧书丛中有两期《萌春》杂志，封面写有“上海海关 1979 字样”。于先生知韩老是名家，便以十元价格购下。又读得吾曾写过忆恩师韩少婴先生一文，知吾乃韩门弟子，便欲转赠。吾悉之大喜而泪下，大为感叹道：“缘分啊，缘分。”于先生附信写道：“想来此物从未到韩先生手中，三十余年之后又见天日，使人不得不相信缘分二字，做为这缘分中的一人深感幸甚。”虽有点可惜，此杂志现只收到两本，实留小小遗憾耳。

然三十余年后得此音讯，吾师在天之灵也应感欣慰了。

这也是吾与恩师“缘分”的又一见证。

先生诗言：“十亿神州沾化雨，古时未必胜今人，”这是多么的充满自信啊！同时，也是在教导韩门弟子更须努力。

吾师《爱韵楼诗稿》再版，吾有幸校注。三十年后再读恩师诸多诗篇，句句皆珠玑，诗情尽画境。如师谆教，音容犹现，令吾感慨万分。最后以小诗一首纪念恩师，感谢教诲，吾终身不忘也。

忆恩师

谆谆教诲木扉开，
曾几音容和泪来。
诗画移情光万物，
墨中风韵见胸怀。

秦淮河水滋养出王羲之书风

史诗长

古都南京，十朝都会。在这个厚重历史文化名城中，有一条自东向西、贯通着整个南京城市的水道，它叫秦淮河。河北岸上的乌衣巷，在六朝时期高门大宅，宝马香车，华贵富丽，成为“王谢”世族集居庄园之地。王羲之的童年和青少年就住在这里，灵秀温柔的秦淮河水，赋予了王羲之读书练字的灵气与神气，为他后来世尊的“书圣”地位的确立，奠定了不可动摇的基础。据（《晋书·列传第五十·王羲之》传）记载：王羲之（303—361），字逸少，琅琊临沂（今属山东）人，享年59岁。为东晋书法家，官至右军将军、会稽内史，人称“王右军”。后辞官，定居会稽山阴（今浙江绍兴）。王羲之书法真、行、草、隶诸体皆精，尤其擅长真书、行书；字势雄强多变化，有“龙跃天门、虎卧凤阁”之誉，为历代书法家所崇尚，被世人誉为“书圣”。

王羲之出身高贵，父亲王旷，是当时著名的书法家，对王羲之寄予厚望。王羲之七岁后，就能够写得一手好字。现在大家都很熟悉的成语“入木三分”，也与王羲之有关的故事。张怀瓘《书断·王羲之》中有“晋帝时祭北郊，更祝版，工人削之，花入木三分”的描述。

王羲之在书法上的第一启蒙老师是卫夫人。卫夫人（272—349），名卫烁，字茂漪，祖籍河东安邑（今山西夏县）人，汝阴太宗李钜之妻，世称卫夫人，为王羲之母亲之妹，是王羲之的（姨母）。唐人形容其名帖《笔阵图》为“如插花舞女，低昂芙蓉，又如美女登台，仙娥弄影，又若红莲映水，碧沼浮霞”，书法技艺可见一斑，是东晋著名的女书法家，在书法理论上均有见解。有《笔阵图》传世。

王羲之师从卫夫人学习书法，从卫夫人的书风中得到传承。据南朝宋最有影响力书家羊欣的《采古来能书人名》中文字记载："晋中书院（郎）李无母卫夫人，善钟法，王逸少（王羲之）之师。"在后来的书法文献中，梁朝庚肩吾在《书品》中记载："卫烁，师承钟繇，妙传其法。她给王羲之传授钟繇之法、卫氏数世习书之法以及她自己酿育的书风与法门。"明陶宗仪在《书史会要》中记载："旷与卫氏，世为中表，故得笔法于卫夫人，以授羲之。"今人沈尹默分析说："羲之从卫夫人学书，自然受到她的熏染，一遵钟法，姿媚之习尚，亦由之而成，后来博览秦汉以来篆隶淳古之迹，与卫夫人所传钟法新体有异，因而对于师传有所不满，这和后代书从帖学入手的，一旦看见碑版，发生了兴趣，便欲改学，这是同样可以理解的事。可以体会到羲之的姿媚风格和变古不尽的地方，是有深厚根源的。"

王羲之从卫夫人的书学藩篱中脱出，使己置身于新的历史层面上。他曾自述这一历史转折："羲之少学卫夫人书，将谓大能；及渡江北游名山，比见李斯、曹喜等书；又之许下，见钟爵、梁鹄书；又之洛下，见蔡邕《石经》三体书；又于从兄洽处，见张昶《华岳碑》，始知学卫夫人书，徒费年月耳。……遂改本师，仍于众碑学习焉。"从这段话可以看到王羲之不断开阔视野、广闻博取、探源明理的经历和用心。

王羲之的启蒙老师还有叔叔王廙，他是王羲之少年（当时 13 岁）时在书法上的第二位启蒙老师。《晋书·列传第三十·王廙》传记载："少能属文，多所通涉，工书画，善音乐、射御、博弈、杂技""画乃吾自画，书乃吾自书""学书则知识学而致远"。王羲之少年住在建康乌衣巷王氏家族庄园后，跟着叔叔王廙学书法，历史上有许多文字记载。南朝宋齐时期大臣、书法家王僧虔在《论书》中曾评："自过江东，右军之前，惟廙为最，画为晋明帝师，书为右军法。"王廙也说："余兄子羲之，幼而岐嶷，必将降余堂构，今始年十六，学艺之外，书画过目便能，就余请书画法，余画孔子十弟子图以励之。嗟尔羲之，可不勖哉！"王羲之从叔叔王廙那里学到了真功夫，其最大的成就在于变汉魏质朴书风为笔法精致、美轮美奂的书体，开妍美流畅的行、草书法之先河。特别是行书《兰亭序》有如行云流水，潇洒飘逸，骨骼清秀，点画遒美，疏密相间，布白巧妙，在尺幅之内蕴含着极丰裕的艺术美。无论横、竖、点、撇、钩、折、捺，真可说极尽用

笔使锋之妙。《兰亭序》全文三百二十四字，每一字都姿态殊异，圆转自如。

关于王羲之“书风”的形成，历史上有诸多文字记载。南朝宋泰始年间的书家虞和在《论书表》中评右军书名盖世于当时说：“洎乎汉、魏，钟（繇）、张（芝）擅美，晋末二王称英。”《南齐书·刘休》说：“右军之林体微古，不复见贵。”南朝梁陶弘景《与梁武帝论书启》说：“比世皆尚子敬书，元常继以齐代，名实脱略，海内非惟不复知有元常，于逸少亦然”；晋梁武帝萧衍在《观钟繇书法十二意》中说：“子敬之不迨逸少，犹逸少之不迨元常。”“不迨”，或作“不逮”，不及之意。由于萧衍的特殊地位的感召力，历史上第一次掀起学王羲之高潮。唐太宗极度推尊王羲之，不仅广为收罗王书，且亲自为《晋书·王羲之传》撰赞辞：“详察古今，研精篆素，尽善尽美，其为王逸少乎，观其点曳之工，裁成之妙，烟霏露结，状若断而还连，风翥龙蟠，势如斜而反直，玩之不觉为倦，览之莫识其端，心摹手追此人而已，其余区区之类何足论哉。”把王羲之推到了所有书法家之上。帝王喜欢书法本身就是一种导向。于是在书学史上，王羲之至高无上的地位被确立并巩固下来，并对后世百代产生了极为深远的影响。

淮上杂谈

南京江南江北两个“桃叶渡”的来龙去脉

赵望晓

说到“桃叶渡”，但凡南京人都知道，在南京夫子庙的秦淮河上。如果说在江北也有一个“桃叶渡”，恐怕就很少有人知道了。要厘清江南江北两个桃叶渡的来龙去脉，就必须从南京的秦淮河和大江、小江说起。

南京素有大江小江之分

自古南京境内有“两江”，即大江和小江。大江毋庸置疑就是指长江，在南京段也称扬子江，“扬子”则是因在今江苏邗江区南扬子桥附近的古扬子津而得名。大江“西接江宁界，东接句容界，北接真州（今江苏仪征）六合县界，沿流一百二十里”。（南宋·张敦颐《六朝事迹编类·卷之五》）

小江是相对大江而言，这里指的是秦淮河。秦淮河古称龙藏浦，汉代起称淮水，唐以后改称秦淮。“秦始皇东巡会稽，经秣陵（今南京江宁区），因凿钟山（今紫金山），断金陵长陇以疏淮。”（南宋·张敦颐《六朝事迹编类·卷之五》）后人误认为秦淮河是秦始皇时所开，所以称为秦淮。其实，秦淮河有两个源头，一源发自华山（大华山），经句容西南流；一源发自庐山（今溧水东庐山），经溧水西北流，入江宁（今南京江宁区）界，二源合自方山埭（今南京江宁区西北村一带），西注大江。

据裴松之《三国志注·卷五十三·吴书八》中记载，孙权对刘备说：“秣陵有小江百余里，可以安大船，吾方理水军，当移居之。”这里的“小江”就是指秦淮河。刘宋元嘉三十年（453）二月二十一日，太子刘劭发动叛乱弑杀了父亲宋文帝刘义隆，即“弑父”自立为帝。不久，刘骏（刘劭弟，刘义隆第三子）从江州（今江西九江）起兵，率军讨伐刘劭。五月四日，刘骏攻破建康（今南京），擒杀刘劭及二兄刘濬，即“弑兄”夺位。“时人为之语曰：‘遥望建康城，小江逆流萦。前见子杀父，后见弟杀兄。’”（北齐·魏收《魏书·卷九十七·列传第八十五·刘骏》）这里的“小江”也即指秦淮河。

秦淮河上“小江”桃叶渡名副其实

“小江”桃叶渡，原名南浦渡，是秦淮河上一张瑰丽的名片，有极高的知名度和深厚的文化底蕴。据南宋张敦颐《六朝事迹编类·卷之五》载：“《图经》云：（桃叶渡）在（江宁）县南一里秦淮口。桃叶者，晋王献之爱妾名也。其妹曰桃根。献之诗曰：‘桃叶复桃叶，渡江不用楫；但渡无所苦，我自迎接汝。’”

王献之（344—386），字子敬，“书圣”王羲之第七子、简文帝司马昱女婿、晋安帝司马德宗的岳父。当初王献之共写了三首《桃叶歌》，其余二首是：“桃叶映红花，无风自婀娜，春花映何限，感郎独采我。”“桃叶复桃叶，桃树连桃根。相怜两乐事，独使我殷勤。”由于王献之常于秦淮河南浦渡迎送爱妾桃叶，并为她作《桃叶歌》，无疑更加深了人们对王献之与桃叶爱情故事的发掘和探究，从此南浦渡名声大噪，不久其名就被“桃叶渡”所替代了。从六朝到明清，乃至今日，秦淮河桃叶渡一直是文人墨客到此一游，并吟诗作赋的主要打卡之地。

浦口东门“大江”桃叶渡确有其渡

“大江”桃叶渡，位于浦口明城墙东门（沧波门）外宣化山的东南面，这里有一座高约 50 米的小山。传说晋元帝司马睿时，山上山下以及附近长江岸边，都栽满了桃树，因而得名“桃叶山”。据清人侯宗海等《江浦埤乘·卷二》记载：“桃叶山一名晋王山，在宣化山东，初名桃叶山，隋杨广（隋炀帝）尝屯兵于上，故更呼晋王云（山）。山下江渡名桃叶渡，上有塔曰晋王塔。”“桃叶渡旧在桃叶山下。”（清·侯宗海等《江浦埤乘·卷三》）至此，桃叶山桃叶渡才颇有名声。

唐昭宗光化中（898—900）做“六合县宰”（县令）的宦官郑滂，写有《怀

古》五十首，其中《晋王城》诗曰：‘隋收建业临江渚，东望金陵筑此城。正与石头为对岸，从兹一统六朝平。’”（清·刘庆运、孙宗岱《顺治六合县志》）这首诗是说，当年晋王杨广在浦口筑“晋王城”，并从浦口的桃叶山下的桃叶渡口渡江，一举平定了陈朝的建康（今南京）都城，结束了纷乱300余年的魏晋南北朝时期，隋朝完成了全国的大一统。

明朝时，为了纪念晋王杨广的“平陈伟业”，将桃叶山更名为晋王山，并在山上修建了晋王祠和晋王塔（高五层）。晋王祠毁于清咸丰三年（1853）清军与太平军的战火中，而晋王塔则毁于1949年4月。新中国成立后，晋王山又更名为宝塔山。现立有“晋王塔遗址石碑”，为区级文物保护单位。

王献之在秦淮河上迎送爱妾桃叶

一千多年前的“大江”江面，远比现在宽阔得多。据清人徐珂《清稗类钞·地理类（5）》记载：“扬子江”条云：“扬子江之名由来久矣。盖江苏扬州府城南十五里有扬子津（后称扬子桥），隋以前津尚临江，不与瓜洲接，故江面阔至四十里，北人南渡者悉集此津，而江亦以是名焉。”可见当时长江之宽，即便到了今天南京长江大桥段也有1.5千米宽，用小船渡江十分困难。如果真像王献之《桃叶歌》所说：“渡江不用楫”，试想王献之乘坐一叶小舟，从长江北岸漂到长江南岸，或者从长江南岸漂到长江北岸迎送爱妾桃叶，舟上只坐着一对无楫的情侣，有这种可能吗？再说王献之接送爱妾，也不会是偶尔为之，应该是“经常”所为，单靠小船自由漂荡渡江，实际上是做不到的。据史料记载，历史上秦淮河最宽时约有100米，但毕竟不能与“大江”同日而语。所以，王献之只有在“小江”上，或将几只小船连接起来，“渡江不用楫”才说得通。

综上可知，“秦淮河桃叶渡”和“桃叶山桃叶渡”，都有相同的“桃叶渡”之名，但是地点不同，一个在江南，一个在江北，其内涵更是大相径庭，前者与秦淮河、王献之及其爱妾桃叶、桃根有关；后者与桃叶山，以及晋王杨广平陈的渡江战役有关。

《桃叶歌》竟成隋军平陈的谶言诗

隋开皇二年（582）陈宣帝去世，太子陈叔宝（后主）即位。当时，“后主（陈叔宝）愈骄，不虞外难，荒于酒色，不恤政事。……税江税市，征取百端。刑罚酷滥，牢狱常满。”[唐·李延寿《南史·卷十·本纪第十·陈本纪（下）》] 意思是：“后主更加骄傲了，不担心境外的患难，荒于酒色，不问政事。……征收江税市税，百般掠夺，刑罚严酷繁多，牢狱经常塞满。”隋文帝杨坚得知陈朝的这种情况，就对仆射高颎说：“我为百姓父母，岂可限一衣带水不拯之乎？”隋开皇八年、陈祯明二年（588）十月，隋文帝以晋王杨广为元帅，率领八十位总管出兵征讨陈朝。第二年正月初一，20 岁的晋王杨广（隋炀帝）率五十一万八千大军渡江南下。陈朝镇东将军任忠出城投降，引隋军经过朱雀航杀向宫城，从南掖门进入陈宫。在景阳井中活捉了陈后主和张贵妃、孔贵人。正月二十二日，晋王杨广率军进入建康（今南京）并占据台城（陈朝宫城）。陈朝灭亡。

“先是江东谣多唱王献之《桃叶辞》，云：‘桃叶复桃叶，渡江不用楫，但渡无所苦，我自接迎汝。’及晋王广军于六合镇，其山名桃叶，果乘陈船而度。”意思是：“先前江东民谣经常唱王献之的《桃叶歌》，说：‘桃叶复桃叶，渡江不用楫，但渡无所苦，我自迎接汝。’等到晋王杨广驻军在六合镇（今南京六合区），那座山叫做桃叶，果然隋军是乘坐着陈朝的船渡江的。”因晋王杨广率军从桃叶山的桃叶渡过江，因此该渡口又称“晋王渡”。由此可见，早在隋军渡江平陈前，就开始借用王献之的《桃叶歌》作为政治谶诗，进行大肆宣传，作为平陈的心理战术和舆论攻势。同时，隋文帝还传送玺书，“暴后主二十恶。又散写诏书，书三十万纸，遍喻江外。”（唐·李延寿《南史·卷十·陈本纪》）以此来争取江南的人心。东晋的中书令、书法家王献之无论如何也想不到，在他去世 200 多年之后，他的《桃叶歌》竟然被隋军用作平定陈朝的谶诗，并最终平定了陈朝。

综上可见，浦口桃叶山桃叶渡，不仅是晋王杨广率军平陈的主要渡口之一，也是隋军应验谶言的桃叶渡；而秦淮河桃叶渡，则是王献之迎送爱妾桃叶之处，也是《桃叶歌》诞生的桃叶渡。从时间上看，秦淮河桃叶渡知名度明显早于浦口桃叶山桃叶渡。

惊动慈禧太后的“夫子庙黄马褂事件”

王庆顺

是谁典当黄马褂?

清同治三年，轰轰烈烈的太平天国运动被清廷镇压下去了。国库极度空虚的清王朝为了紧缩银根，开始大规模地裁军。最下层的兵勇自然免不了要遭遣散，就是那些在镇压“长毛”时立下汗马功劳的将官和被皇上御赐黄马褂的功勋显赫之人，也未能幸免，也只能比士兵多领两个月的“恩饷”，离营自谋生路。这样一来，有许多因诸多原因而不愿返乡的军人便在社会上打流混世，使本来就秩序紊乱的社会更是乱成一锅粥。

且说，江宁府（今南京）夫子庙有个号称江南第一家的当铺——“天赐福典当行”。这家典当行的朝奉姜浩清是个阅历甚广的老江湖，尽管身处乱世，但他仍把这家典当行打理得风生水起。

这天早晨，典当行的排门刚刚卸下来，就有一不速之客挟着蓝布包袱风风火火地闯了进来。此人身似铁塔，声若洪钟，他把包袱往高高的柜台上一掼，朗声道:“掌柜的，我这宝物只当五十两纹银！”当值的掌柜见这汉子鲁莽，没与他计较，只是挥挥手，叫伙计打开包袱。谁知，当伙计抖开包袱皮时，掌柜的眼睛立马直了，头上虚汗直冒，他不知该如何应对这场面。正在里间手捧茶壶的姜朝奉抬眼一看，见当值掌柜被包袱里的典当之物给“镇”住了，连大气都不敢吭一声，深感纳闷，忙快步来到柜台旁。这一瞅不要紧，只瞥了一眼，他就浑身发颤，双手捧着的茶壶差点失手落地，因为他清清楚楚地看见了，这典当之物竟是当今皇帝御赐的单眼花翎黄马褂！姜朝奉傻了，深知王法的姜朝奉当然知道，单眼花翎黄马褂关系到皇家尊严，如处置不当，必有杀身之祸，甚至还有灭门之罪！想到这，姜朝奉忙丢下茶壶，满脸赔笑，小心翼翼地对那汉子说:“好汉，请你老人家快把包袱包好，这御赐之物本行不敢交易，小老儿这里有一两银子，算是孝敬你老人家的茶钱，请笑纳。”“放你娘的狗屁！军爷今天不要你孝敬，只典当这单眼花翎黄马褂。”那汉子边骂边抽出腰刀乱舞，看样子，今天要是不典当此物，那汉子不但要大闹当铺，还可能要挥刀砍人。姜朝奉更知道，如果他和当铺的人被拥有单眼花翎黄马褂的军爷砍了，肯定是白砍。好汉不吃眼前亏，姜朝奉只好收下这件单眼花翎黄马褂。

姜朝奉本以为破财收下这件单眼花翎黄马褂，就会逃过一劫，不料，自从他收下这件单眼花翎黄马褂后，隔三岔五地就有军爷前来典当单眼花翎黄马褂，有的黄马褂还是双眼花翎。姜朝奉知道麻烦大了，他只得硬着头皮去求见江宁知府涂宗瀛，将多个裁撤军爷典当黄马褂之事一一道出。涂宗瀛与姜朝奉是世交。他沉思片刻后，向姜附耳低语，说是官府愿拿出一些银两资助天赐福典当行，叫姜朝奉尽管“回收”黄马褂。姜朝奉当然知道，涂知府所作所为，实属无奈之举。因为这些拥有黄马褂的裁撤军爷如果身穿黄马褂在江宁府辖区内作奸犯科，他知府老爷对此也无可奈何，到时世面只会越来越乱，头上的乌纱帽恐怕也保不住。不如花些银两“回收”黄马褂，如果那些失去黄马褂的裁撤军爷胆敢再目无王法，他涂知府将会调动官兵去抓捕这些失去护身符的“冒功刁民”。

涂知府和姜朝奉均以为，世间毕竟御赐黄马褂有限，只要回收完，也就万事大吉了。谁知，自从天赐福典当行“回收”黄马褂以来，前来典当黄马褂的人竟越来越多，后来竟发展到，江宁府大小三十七家当铺家家均有人前来典当黄马褂，有许多人还是“大手笔”，一出手就是二三十件黄马褂。涂知府这才发觉典当黄马褂事件中有鬼，因为他知道，只有在战场上功勋显赫之人，皇帝才赏赐给其黄马褂。据他了解，在平“长毛”的十多年战争中，皇上御赐的黄马褂全部加起来也不会超过一千件，而现在江宁府出现的黄马褂已近千件了，难道皇上御赐的黄马褂全“涌”到江宁府了？而更奇怪的是，到目前为止，每天仍有源源不断的黄马褂“现世”。

排查排到曾国藩

市面上黄马褂异常的多，姜朝奉也看出了猫腻。他废寝忘食地仔细地用放大

镜审视、研究他所“回收”的黄马褂。这不看不知道，一看吓一跳。他终于发现，天赐福典当行早期“回收”的确系宫内御物，而后期“回收”的竟全是赝品！他忙将这新发现禀报涂知府。

涂知府忙命令精干捕快去办案。捕快们顺藤摸瓜，在江宁府秣陵关一家地下制衣坊搜到一大批已仿制成功的黄马褂。涂知府忙连夜升堂审案。谁知不审不知道，一审吓一跳，这家地下制衣坊的老板竟声称他的后台老板是官至两江总督、直隶总督、武英殿大学士，被封为一等毅勇侯的曾国藩曾大帅。涂知府不知这犯了灭门之罪的地下制衣坊老板的供词是否可信，他斟酌再三，才小心翼翼地向昔日的老上司曾国藩禀报，说：“大帅，卑职在辖地捕获一僭制黄马褂的要犯，此人叫邹仁魁，此犯竟胆敢谎称他僭制黄马褂曾得到大帅的批准。”曾国藩听到这里，猛然想起，他与太平军在安庆恶战时，一次因军粮接济不上，导致军心不稳。幸亏安庆富户邹仁魁捐给他300石军粮，方使他解了燃眉之急。后来，曾国藩欲奖赏邹仁魁，邹仁魁却婉拒，他说，他打算在江宁府一带做服装生意，不知曾大帅是否恩准。曾国藩心想，做生意这种鸡毛蒜皮的小事还值得一提？当时连考虑都没考虑，便点头同意了。谁知，邹仁魁这厮所做的服装生意竟是僭制黄马褂！

弄清事情原委的涂宗瀛当即请示曾国藩，这事该如何处理？曾国藩心想，如果把邹仁魁杀掉，倘若将来事泄，朝廷追问起僭制黄马褂之事，弄不好会误认为他曾国藩与朝廷有异心，是僭制黄马褂的幕后主使，而诛杀邹仁魁是为了死无对证而杀人灭口。为了避免这个后患，曾国藩指示涂宗瀛将邹仁魁严密囚禁，以留活口。

李鸿章暗保曾国藩

世上没有不透风的墙。很快，慈禧太后就知道了发生在江宁府的典当黄马褂和僭制黄马褂等一系列怪事。与此同时，又一件更令她恼怒的事发生了，这件怪事也与曾氏兄弟有关。

这件怪事就是“天朝元勋”曾水源墓得到曾国藩、曾国荃的保护。

据史载，曾水源（1830—1855），是太平天国运动的广西“老弟兄”。1851年，曾水源参加了洪秀全领导的金田起义，并在起义中被封为御林侍卫，负责为洪秀全撰写诏书、批答奏章。

曾水源跟随着洪秀全，从广西一直打到南京，在战长沙、夺武汉等著名战役中立下赫赫战功。太平天国定都南京后，曾水源先后担任天官右丞相、天官左丞相等重要职务。不幸的是，因曾水源得罪了东王杨秀清，杨秀清胡乱罗列些罪名，将曾水源杀害，曾水源遇难时年仅 25 岁。

曾水源遇难后，他的家人以其子曾启彬的名义，偷偷将曾水源安葬在睦寡妇山上。此地在当时地处僻壤，人烟稀少，不容易引起杨秀清的注意。

1856 年“天京事变”中，杨秀清被诛。事后，洪秀全为曾水源平反，从此，曾水源墓得以“公开”。1859 年 7 月，曾水源遗属重修了曾水源墓，并在墓碑上加刻了“天朝元勋”四字，以示对逝者的追崇。

转瞬间就到了 1864 年 7 月，天京（今南京）陷落，湘军的大火把辉煌的天朝宫殿（民间俗称“天王府”）几乎烧光，而南京城内的“天国”官员们的衙署均遭到严重破坏。战乱后，南京留存的太平天国历史遗迹所剩无几。在这些幸存的太平天国遗迹中，“天国元勋”曾水源的墓园却保留完整，这座位于南京城北的太平天国高官的墓园为何没有被清军破坏，而奇迹般地保存至今呢？

原来，当年“天京”陷落以后，占领南京的湘军和太平军恶战多年，对太平军早已恨之入骨。他们几乎毁坏了一切太平天国的宫殿、衙署、府第，就连洪秀全的尸体也被挖出来，刀戮火焚，他们希望将太平天国的痕迹从南京的地图上抹去。就在这时，一件奇怪的事发生了，这件怪事的发生，使曾水源墓得以得到太平天国的死敌曾国藩、曾国荃的保护。

据清末民初坊间刻本《江宁风物志》记载，曾国藩的九弟曾国荃入主“天京”后，夜得一梦，在梦中有一神仙对他说，你们兄弟因祖上积有阴德而屡屡建功，有望联袂成为大清国中兴名臣，永垂青史。就在曾国荃沾沾自喜之际，这位神仙突然话锋一转，告诫曾国荃说，“你和你兄长千万不能明白人做糊涂事，自掘上上地脉，毁了自家风水……”

曾国荃一觉醒来，觉得这梦好生奇怪。他忙写加急快信，通过驿站速递给坐镇安庆的曾国藩，请他指点迷津。曾国藩阅信后，惊得眼珠都快掉下了，因为，据说他也于昨日做了一个同样的梦。曾国藩不敢怠慢，立刻赶赴南京，与胞弟曾

国荃共商“解梦”大事。

就在曾国藩、曾国荃苦思冥想闭门“解梦”时，一个叫秦雄的千总前来禀报，说是在挹江门附近发现了“长毛”匪首曾水源的“逆坟”。曾国荃刚想下令命秦雄率兵去铲坟，曾国藩急忙制止了他。与此同时，曾国藩还下令派兵保护这座“逆坟”。在曾国藩的点拨下，曾国荃如醍醐灌顶，他自言自语道，“曾水源、曾水源，曾氏家族风水之源也……”曾水源竟暗合“曾氏家族风水之源”之玄妙之寓意。曾国藩、曾国荃兄弟心有灵犀一点通，哥俩达成共识：务必要保全曾水源之墓，决不干自掘曾氏家族风水的蠢事。

天高皇帝远，由于曾国藩、曾国荃的周密安排，南京睦寡妇山上的曾水源之墓得以幸存。

老谋深算的慈禧太后并没有降罪曾国藩，而只是在召见他时，像拉家常似的提了下这事。尔后，慈禧太后又命时为湘军统帅的曾国藩奉令进驻周家口，以钦差大臣的身份，督师围剿捻军。深谙为官之道的曾国藩当然知道，慈禧太后之所以对“黄马褂事件”和曾水源之墓之事点到为止，未予深究，是想向他曾国藩提个醒，你不要居功自傲，你的把柄捏在老佛爷手中哩，哀家随时都能收拾你。另外，眼下虽然太平军被曾国藩打垮了，但捻军正方兴未艾，艰难的时局也确实需要曾国藩这样的帅才来扶持。曾国藩更知道，伴君如伴虎，如果他再挥师剿灭捻军，慈禧太后见捻军这只“狡兔”已死，他曾国藩这只“走狗”也就可能被“烹”了。于是，曾国藩在剿捻的战争中，未尽全力，再加上与捻军作战的前方将士怕一旦灭捻后，朝廷再来个大裁军，故个个士气低落，人人消极怠战。正因为帅存杂念，兵无斗志，这就发生了令朝野百思不得其解的怪事：曾大帅为何能打垮强大的太平军，却战胜不了弱小的捻军？

慈禧太后见战局不利，她在京紧急召见曾国藩，请他为灭捻献策。曾国藩向慈禧推荐了自己的得意弟子李鸿章。慈禧准奏。李鸿章在率领淮军灭捻前，向慈禧太后宣誓表忠心。他上奏说，他一定会不负朝廷重托，定能将捻军赶尽杀绝，但也希望朝廷能对其恩师曾国藩“善始善终”。慈禧亦准奏。这次慈禧未食言，清同治十一年二月初四，曾国藩在南京病逝。朝廷赠太傅，死后被谥“文正”。其家族后代多出官宦。

夫子庙的相声

谷万中

眼下许多人都知道，在南京网红打卡地，著名的老门东街区内设有一家风风火火的“德云社”分社，之所以把北京以外的首家分社选址在南京，充分说明郭德纲先生的睿智和过人之处，因为他深知，南京乃中国相声三大发祥地之一，且长年来这个地方活跃着一位著名相声泰斗张永熙先生。据我所知，早些年，大名鼎鼎的姜昆每每来南京，都要专程看望德高望重的张永熙，而当今大红大紫的郭德纲表演纯熟的“太平歌词”，就曾经幸得张老先生面授。钟灵毓秀人杰地灵的南京是相声艺术的一块沃土，南京人历来酷爱相声。二十世纪五六十年代，南京夫子庙的相声尤其红火，可谓人才济济名家荟萃，本文谨向您做些介绍。

相声“刘吴张”传为佳话

“相声过黄河死一半，相声过长江死光光”，说来惊悚，细细品味还确有一定道理，由此生成出这样的理念，“因为语言障碍，相声在南方很难形成气候”，坦率说，这点尚可让人接受。然而，如若说“南京人不懂相声”，那就很难我等苟同了。为什么呢？南京乃南北文化交融的古都，所处的地理位置，本应是吴侬软语覆盖的区域，独特的政治、历史环境，却使南京的方言，纳入到北方方言语系的江淮次方言，喜闻乐见的相声，对于南京人来说，无任何障碍可言，南京人熟知、了解相声，也酷爱相声。早在清朝末年，南京的夫子庙就和北京的天桥、天津的南市和济南的大观园等一道，是相声普及推广的场所。民国时期，就有“曲艺三分天下，南京独占其一”之说（南京夫子庙、天津劝业场、北京天桥），概因南京时为全国政治、经济、文化中心。说起南京的相声，人们立马就会想到张

永熙（艺名：小张麻子）和他的黄金搭档关立明先生，这点不足为怪，因张先生被冠有“北侯南张”之美誉嘛。早在解放初期，他俩与著名的相声大家——“单口王”刘宝瑞先生联袂演出，轰动了整个上海滩，被誉为相声的“刘、关、张”，一度传为佳话，连远在北京的侯宝林大师这下也按捺不住了，匆匆忙忙赶赴申城跻身他们的演出。二十世纪五六十年代，南京的相声依然红火，其时，人们常津津乐道的相声演员还有马宝璐、任文利、顾海泉、王文瑞、吴韦申等。当今，活跃在南京曲艺舞台上的相声名家吕少明、梁尚义、李国先等，皆为那时跟随张永熙先生下的海。那时候，夫子庙的相声在泮宫里的《亦乐轩》隆重演出，张永熙率领的南京市曲艺团，一年四季除了外出，主要就在这个场子里出演，每天都要演上好几场，每场一个半小时，每逢周末和节假日还要加演。相声场大约可以容纳二百来人，常常没等开演就客满，后来的人就得在外面排队，耐心地等候下一场. 即使是在寒冬腊月，大雪纷飞的情况下都有人在外面虔诚地排队等候，那样的情景十分感人。在逛夫子庙的滚滚人流中，就有相当多的一些张老先生的“粉丝”，他们是专程奔张老先生前来的。到了过年、过节，更是场场爆满，南京观众喜爱相声的热烈程度，实是溢于言表。

从理发匠到相声名角

相声名家马宝璐先生与张永熙（原名张宝康）、侯宝林、刘宝瑞、常宝堃等叔伯师兄弟，同属“宝”字辈的相声前辈，是相声第五代传人，马宝璐系河南开封人，生于 1927 年，因家境贫寒，幼年时曾经随父亲在开封的大相国寺以理发为生，历尽千辛万苦。位于历史文化名城，河南省开封市中心的大相国寺，历史久远，和南京夫子庙一样，历来是开封繁华热闹的处所，解放以前，这里是江湖艺人云集的地方。长时期的耳濡目染，使年幼的马宝璐喜欢上了相声这门行当，因受到相声演员王本村等的影响，13 岁起便毅然放下剃头挑子，开始在这里说起了相声。后来又有幸拜著名相声大师陶湘九为师，在南京、芜湖等地与人合作说相声，中华人民共和国成立以后，马宝璐从部队复员来到南京，1953 年他参加南京曲艺改进会，自 1954 年开始，便与著名相声表演艺术家任文利先生搭档演出，立刻成为走红南京的一对相声“名档”。马先生的相声，表演细腻，擅长揣摩人物心理，他在表演中所刻画的妙龄少女之心态与形态，惟妙惟肖，栩栩如生，被相声界同行誉为南京曲艺团的三绝之一（三绝，即张永熙的柳活、马宝璐的丑表、任文利的捧哏）。相声段子《关公战秦琼》《拔牙》《男财女貌》等，两位名家珠联璧合的表演，深得人们的好评。他还擅长单口相声的表演，我在现场听过的经典段子《珍珠翡翠白玉汤》，更是其最为拿手的保留节目。二十世纪80年代，一度沉寂的马宝璐领衔组建起南京浦口曲艺团，重又给广大观众带去欢乐笑声。其时南京广播电台还专为这场演出做了全程现场录音，并连续在全市播放，在南京全城产生极大的影响。然而，正当马先生努力向艺术高峰攀登的时刻，无情的病魔夺去了他宝贵生命。1988年马宝璐先生不幸英年早逝，实是令人扼腕。

“夫妻档”相声令人捧腹

二十世纪五六十年代，马宝璐与张永熙等，在夫子庙泮宫长年演出相声会，作为演出台柱之一的黄金搭档，马宝璐与任文利理所当然地深受南京相声迷们的追捧。任文利原名任鹤年，天津市人，个头不高，天生一副幽默相，早年师从相声名家杨少奎，尤以“贯口活”见长，并很快形成自己独特的捧哏风格，他对语音与语气有着独到的研究，在表现人物的神态上，不温不火，拿捏精准并恰到好处。除与马宝璐搭档演出以外，任文利还时常与妻子孙俊华配合，形成一对绝佳的夫妻档，夫妻俩表演的对口相声，可说是开创了南京现代女子相声之先河。女子说相声，是对清一色男性相声的勇敢挑战，孙俊华身穿普通装束出现于南京的相声舞台，在身着长衫，手拿折扇，男士一统天下的相声领域，可谓“万绿丛中一点红”，尤其亮眼，让广大观众耳目一新。自古少有女人说相声，相声界早有这样理论，因为相声的脚本是写给男人的，不适合女人来表演。但是，历史上有没有女相声演员呢？答案是：有，但很少，成功的则凤毛麟角。完全凭借自己的实力，在相声的大堆里能够拿到“整份儿”的，可以说是少之又少，孙俊华女士可谓其中之佼佼者。那时候，夫子庙的相声表演有固定的程式，每场节目大致

分为六块活，开场不是单口就是数子，二场就是有孙俊华参与表演的相声，三场是琴书或是坠子，由著名演员荣风楼表演的苏北琴书，著名演员李明珠表演的河南坠子，四场是顾海泉、王文瑞，五场是马宝璐、任文利，底活（也就是压轴），则是由张永熙和关立明二位来担纲。有时候，整场全部演出相声，共有百十个相声段子轮番上演。每当开场活以后，观众们便翘首期待孙俊华登场了。孙俊华中等身材，皮肤白净，扮相端庄，口齿伶俐，唱功扎实，有丰富舞台表演经验和技巧。然红花还需绿叶扶持，这般堪称最佳组合的夫妻档，恐怕是团里精心包装和策划的。孙俊华的逗，惟妙惟肖，任文利的捧，不温不火，妇唱夫随，珠联璧合的表演，常常逗得满场观众乐翻了天。至今我还依稀记得，孙俊华在相声《杂学唱》中，使的柳活儿潇洒自如，模仿的角色惟妙惟肖，在《俏皮话》和《报菜名》中，她的贯口活是那样地精湛，以至场子里掌声不断，笑声不息。夫妻档的相声，让老南京的父老乡亲们饱尝耳福，眼界顿开。

精辟"段子"变身好教材

在相声场前，排着长队的人群中，也不乏青年学生和小孩，那时不但成人喜爱相声，许多南京娃儿也都十分地痴迷。不少精彩的相声段子，针砭时弊，催人奋进，经过艺人们的仔细雕琢和精湛表演，让人在爽朗欢笑声中，受到深刻教育和启迪。南京相声艺术家曾经深入校园，走进课堂为孩子们作专场演出，寓教于乐进行优良传统教育。经典单口相声《珍珠翡翠白玉汤》，说的是明朝开国皇帝朱元璋落难时期，腹中饥饿难熬，于是命人四处觅食。一个随从找到一些逃难百姓丢藏在草堆里的剩饭、白菜和豆腐。因别无他物，手下只得将剩饭、烂白菜边和馊豆腐等加水煮了，端给朱元璋。如饥似渴的他，狼吞虎咽过后，竟然感到味道特别地鲜美，堪称天底下的最好佳肴。朱元璋问道"这是什么美食？"随从瞎编乱造，信口回答："珍珠（剩饭）翡翠（白菜）白玉（豆腐）汤。"他便铭记在心底。夺取天下以后，享尽了人世间荣华富贵，吃遍了山珍海味的朱皇帝，百无聊赖之时竟然异想天开，萌生令手下大量烹制原汁原味的"珍珠翡翠白玉汤"，犒赏三军的荒唐圣旨，闹出许多让人啼笑皆非的离奇故事来。通过艺术加工和精彩演绎，朱元璋的人生经历、心理活动，以及官场上的丑陋现象，被艺人淋漓尽致地展现在广大观众的面前，包袱抖得恰到好处实是令人捧腹，听过之后，使人回味无穷受益匪浅。作为对青少年进行革命传统教育的好形式，当年城南地区的许多中小学，都有请相声走进校园的传统。南京市小西湖小学，曾经连续多年将《珍珠翡翠白玉汤》作为寓教于乐的好素材，每学期开学之时，在对新生进行入学教育的时候，学校专门邀请夫子庙的相声艺人来到校园，为广大师生现场演出这个经典相声段子，让稚嫩的学生们在欢笑之余品味和理喻“身在福中不知福”的含义，懂得珍惜今天来之不易的美好生活。

乌衣巷里的青葱岁月

谷万中

我的母校地处名扬中外的乌衣巷内，乃当年秦淮区屈指可数的一所完全中学。二十世纪 60 年代初我走进这里，汲取文化营养并健康成长。整整三个年头，既获取这个时段人生的常规阅历，也感受过特殊年代仅有的非凡境遇。青春是短暂的理当珍惜，更值得重温与回味。

身处文化沃土的校园

客观地说，当时办学条件相对较差，秦淮区除一女中（今中华中学）外，27 中可算最好的了。史上曾居住过不少豪门望族，孕育出誉满古今的王羲之父子，乌衣巷是块文化厚重的沃土，它对后人的影响极其深远。地处古代“乌衣营”旧址的南京 27 中，前身是私立“昌明”中学，后称“城南中学”，系教育家叶祥法先生于 1943 年发起创立的，当时学校设施简陋，房舍拮据，据说一度还借用教导处副主任熊孟信家无偿提供的 200 平方米私房。1956 年改公办后，市政府将原汪伪模范监狱旧址划归学校使用，盖起教学楼和理化实验楼。在校期间，沿乌衣巷边一座只 4 间教室的二层楼上，一溜排几只高音喇叭，正对隔巷相望的简易操场，难以想象，操场边竟留有边边角角菜园地，设于教工宿舍区的“礼堂”，还是席棚式建筑。因毗邻敞门入园的白鹭洲公园，顺理成章它就成为我校得天独厚的“后花园”。每日清晨，同学们在幽静环境里孜孜苦读，课余来此游玩、嬉戏，《烟雨轩》里、《话语亭》下，无不留下我们的青春靓影，就连那不高不矮，墙头较宽的围墙之上，都留下了莘莘学子的印迹，“墙头读书郎”美誉由此不胫而走。

至今，校长陈铭盘，副校长周国鑫，教导主任吕长仁等校领导的音容笑貌还留存心间。那时的27中，师资雄厚教学严谨。拥有一群资深教师和学科带头人，其中，胡适先生弟子胡尔超，数学名师李宗英，还有具有驻苏联使馆经历的俄语老师房凤珍等，师资力量在全区乃至我市教师队伍中都属拔尖。我们的级任老师陈之璧、罗文超、刘家棠，还有蒋少萍等，也都是不可多得的辛勤园丁。27中学生风华正茂，人才辈出，与我同期的高中年级，多人考上名校。时年市数学竞赛一、三等奖得主，分别考取南大数天系和物理系，我班辅导员，高三（1）班"学霸"薛勤春，荣幸考入清华大学。学友中还涌现出不少体育尖子，有幸与世界冠军庄则栋切磋过球艺的，省少年乒乓球男单冠军王仁，市青少年男篮队长赵崇信，主力队员刘金陵等，如今在南京传媒界声名鹊起的吴晓平，最初也是从乌衣巷走出去的。

披荆斩棘夜登紫金山

当年27中还是省民兵试点校，为适应战备需要建立了民兵团。那时学校组织了一次别开生面的，师生夜登紫金山的拉练活动，借此提高军事素养和战备意识。那是春夏之交的时日，大家于前晚到校集中，以军队的连、排为建制，安排在各自教室和衣躺课桌上休息，至夜间铃声骤响，校领导向全体师生发出紧急集合令，同学们闻风而动，不声不响赶赴操场集合，紧张的点名以后大家列队，在校旗引导下，不声不响浩浩荡荡地出发了。乘着夜色，我们精神抖擞从城南赶往城中，再出中山门，经过一段急行军，便来到巍巍钟山脚下。活动组织得很严密，事先备足照明器材并作好伪装，有先遣队开道，建有救护小组，沿途安排模拟防空演习，还在马路边设置路障和模拟爆炸装置等。大家沿荆棘丛生的崎岖小路，悄悄向上攀登，每个连、排都有专人打手电指路，各险要隘口均有人员监护，经过长时间奋战，全体参与者一个不落登上顶峰。站在城市制高点上，眺望夜色中沉睡的南京，对于每个人来说，都是从没有过的体验啊。经过短暂休整，我们开始下山，俗话说"上山容易，下山难"，何况，这时体能也大幅下降，更多困难横亘面前，好在有高中部大哥哥、大姐姐们伸出的友谊之手。经过又一番艰辛努力，大家顺利到达紫金山北麓山脚下。此时天色大亮，和煦阳光冉冉升起，新的

一天开始了。在这次难忘的活动中，不少同学脚上磨出水泡，连着好久腰酸、腿痛，但磨炼了意志，增强了体能，大家心情都激动不已，一切劳累和困苦都抛至九霄云外。

难以忘怀“劳逸结合课”

中学的教学课目有“数理化”“音体美”，您听说过“劳逸结合”课吗？千真万确，我们那时有，因为时间短暂，连不少亲历过的校友也淡忘了。改课空前绝后，它是二十世纪 60 年代国民经济困难时期条件下的产物，说来不免酸楚。

大约是 1962 年下半学期，由于营养不良，不少同学出现程度不同“浮肿”症状，处于生长发育期的青少年，所受影响首当其冲。严峻形势下，上级部门审时度势，从关心、爱护青少年角度出发，除制定一些优惠供应副食品政策外（中学生粮食定量为每人 32 斤 / 月，而一般市民是 25 斤），还采取果断措施，暂停中小学校体育课，改为轻松的活动课，谓之“劳逸结合”。

这段时期，每遇体育课，不管天气阴晴学生们都不去操场，全都在教室，我们班由体育老师郑焕其（印尼归侨）讲述体育常识、比赛故事等，郑老师广东口音的故事引人入胜；或安排自习，甚至干脆让大家趴课桌上静养。

非常时期的措施，有效地为学生减负，帮助我们平安度过那段岁月。随着国民经济回升，这项临时措施也随之终结，体育活动又在学校里蓬勃开展起来。

篮球之基因薪火相传

我市中学有不少体育特色学校，当时 4 中和 7 中的足球项目最棒，3 中以及梅园中学的男女排球也很有特点，篮球呢，当数 10 中（现金陵中学）、9 中最出息，直至今天，9 中可算是江苏篮球运动摇篮，篮球娇子唐正东、易立、孟达等，皆从这里走出。说到 27 中的篮球，也是呱呱叫，曾位列南京市中学篮球的前三名。27 中篮球运动有广泛的群众基础，师生都不同程度地喜爱这项运动，每到课余时间，大家都会不约而同地聚集到各个篮球架下。27 中篮球，更得益于言传身教的好教练，曾司职空军某篮球队组织后卫的体育老师夏强君。记得一次在校球场上，校篮球队与兄弟校举行友谊赛，大家踊跃参与观看，为自己球队呐喊助威。对手实力不凡，比赛难分难解。此刻，老当益壮的夏老师也披挂上阵，他率领校队与对方顽强拼搏，直至终场前瞬间，夏老师神奇的、过半场的一记压哨球，为球队取得关键比分，胜利的欢呼声惊天动地。直到今天，那精彩一幕依然是校友聚会时津津乐道的话题之一。这样的优良传统一直延续至今，如今的南京27中依旧为篮球运动的传统学校，尤其女子篮球队，乃南京邮电大学女篮的后备人才基地，常常代表南京出征各项大型篮球赛事，在2011年举办的全国中学生女子篮球赛中，荣获冠军称号。张雨柔同学荣幸入选中国U16女篮，参加了2017年10月在印度班加罗尔举行的篮球锦标赛，为中国队取得优异成绩做出贡献，比赛中，她敢打敢拼，表现突出，受到中国篮协高度评价。

运粮河与友谊河

濮小南

光华路街道，位于南京市秦淮区东部，东与江宁区东山街道接壤，西与秦淮区月牙湖街道为邻，南与秦淮区红花街道相伴，北与玄武区孝陵卫街道毗连，面积10.4平方公里，人烟辐辏，环境优美，人文景观十分丰厚。境内有两条人工河流，一为运粮河，由东向西，横亘域境之南，明代开凿；一为友谊河，贯穿辖区南北，现代疏掘。一古一今，长流不息；涵养斯土，滋润周边；花树繁茂，生气勃勃。

运粮河，开凿于明代。《南京历代运河》："运粮河，相传明太祖朱元璋为从南京东郊运粮至城内，特开此河，故名。"河道之源，位于江宁区麒麟街道泉水社区，首纳青龙山西麓之水西流、途中北承紫金山东南麓及百水河等一众来水向西折南，流至江宁区东山街道高桥社区复向西，至秦淮区光华路街道银龙东苑社区杨晏桥入境。此后，一路迤西，至七桥瓮北侧杨庄二埠头，汇入秦淮河，全长4.1公里，境内长2.5公里。《南京水利志》："运粮河，在南京，纳紫金山南麓、青龙山以西和其林门一带岗丘之水，并汇紫金山沟、百水河来水，在七桥瓮汇入秦淮河。"《白下区志》第二章："运粮河，系人工河，位于光华路街道办事处东南1.75公里处。在区境内，东起杨晏桥，西至杨庄村河沿二埠，与秦淮河交汇，全长4.1公里，流经区境2.5公里，宽40—100米，明代为运粮水道，故名运粮河。今用作泄洪灌溉，河上有杨晏桥、过兵桥、浮桥、小水关桥等。"河上桥梁最著名者，有杨晏桥、银龙桥、运粮河大桥、西桐路桥、过兵桥等。（一）杨晏桥，位于辖境东南即运粮河入境处，相传为明代杨姓乡绅筹资建造，因桥北孝陵卫双拜巷有晏公庙，晏公，水神也，故以杨晏桥名之；（二）银龙桥，位于杨晏桥以西，银龙路上，桥长128米，宽24米，2006年3月建成；（三）运粮河大桥，位于银龙桥以西，桥长 150 米，宽 24 米，双向四车道 . 系绕城公路跨运粮河之桥，因名；（四）西桐路桥，位于运粮河大桥以西，西桐路北端，桥长 150 米，宽 24 米，双向四车道，2010 年 10 月建成;（五）过兵桥，位于西桐路桥以西，始建于明代，为明军神机营将士往返大小校场操练的必经之地，故名。亦称过军桥。清《同治上江两县志》卷四："过军桥，通双桥门，路北为大校场，明神机营也。"卷九："神机营，《明史 · 兵志》：'平交趾后，京师设神机营，南京亦增设，与大小二教场同练。'"原桥仅三米多宽，行人车辆众多，不堪重负，日久，几成危桥。2007 年，保留古桥墩重建桥面，新建的过兵桥，长 60 米，宽 6 米，三孔钢筋混凝土桁架结构，仿古桥栏，倒映水面，轻盈靓丽，堪称一景。近年来，为保持运粮河碧水长流，有关方面不仅多次疏浚河道、沿岸植柳种草，还于杨晏桥与高桥门之间，建南京城东污水处理厂，每天都有二三十万吨经过净化的清水，注入运粮河，冲洗河道，优化水质。2016 年 6 月 9 日，一老者在运粮河用罾网捕获了一只 16 斤重的野生甲鱼，观者无不称奇，惊叹不已。诚所谓绿水青山，和谐共生，良性循环也。

友谊河，位于光华路街道辖境中部，原为钟山南坡之水泄泻形成的沟渠，上承钟山曲水、霹雳沟等一众来水南流。《至正金陵新志》卷五："霹雳沟，在城东五里 . 荆公（王安石）有诗云：霹雳沟西路，柴荆四五家。"河道长 3.5 公里，光华路街道境内 2.5 公里，河宽 16 米。该河初挖掘于 1965 年，复疏浚于 1974 年，因由军民合作完成，故名。《南京地名大全》："友谊河，位于孝陵卫街道西部，跨光华路街道境，东起胜利村，西至杨庄村，注入秦淮河。1965 年，小卫街村拓宽铁匠营至长巷村的一段水沟，由当地驻军和邻队社员帮助一起开挖而成，为不忘友谊而名友谊河。长 3.5 公里，宽 16 米。"《白下区志》第二章："友谊河，位于光华路街道办事处东南 1.5 公里处，东起胜利村，西至杨庄村，入秦淮河，宽 16 米，全长 2.5 公里。1974 年，由当地驻军与村民联合开挖，故名友谊河。"河流走向：自玄武区孝陵卫街道铁匠营始源南流，至下马坊，潜流越中山门大街向南，循胜利村路西侧，南流至康定里转西，进入光华路街道辖境，复西流至戎泰山庄东侧，折向南流，越光华路，沿四方新村东侧南流，至宁芜铁路北侧转西，至将军塘越铁路，再西流至苜蓿大街南立交桥以西，汇入秦淮河。河上桥梁唯光

华路上的友谊桥最为有名，该桥始建于明代，初名大石桥，1974 年疏浚友谊河时，将其改建成水泥桁架桥，更名为友谊桥。《南京地名大全》："友谊桥，位于光华门外，海福巷东。明代始建，名大石桥。1974 年改建，因跨友谊河更今名，长 342 米，宽 36 米，空心板桥。"2013 年，南京理工大学在友谊河东岸建"止戈"园，止戈者，祈和平也。该园格调新颖，布局别致，傍水而筑，大气典雅，为友谊河风景增色不少。2017 年，有关部门对其进行全流域美化改造，沿岸植树种草，砌筑步道，为周边市民提供了休闲健身的好去处。2018 年，完成友谊河入秦淮河口新建节制闸站工程，保证了友谊河水位不溢不涸。2019 年，对全流域截流管沟进行全面清疏维修，实现了雨污分流。昔日的排污泄洪水沟，华丽转身，蜕变成今日市区一条风光绮丽的碧水清溪。蓝天白云，映照水面；岸柳婆娑，宿鸟晨鸣；如斯环境，堪称佳景。

为传奇小说《红线传》主人翁写诗的冷朝阳

金毓平

唐代在文学史上最为称道的当为唐诗无疑，诗人们虽不屑于小说，但还是有人热衷于这类作品。唐代文学家、大诗人白居易的弟弟、时任司门员外郎的白行简就编纂了一部唐代传奇小说选集。一千多年后，南京大学（原中央大学）中文系教授汪辟疆对其进行校录，名为《唐人小说》，于 1929 年出版发行。其中有一篇《红线传》，被后人纷纷改编成戏剧、小说，达 200 多种。计有功的《唐诗纪事》、宋代皇都风月主人《绿窗新话》，宋代曾慥《类说》卷三十六，皆转录了这个传奇；明人梁辰鱼《红线女夜窃黄金盒》，胡汝嘉《红线记》，程守兆《金盒记》；清人王晫《看花述异记》，京剧《红线盗盒》，均据此改编而成。而南京人冷朝阳也因一首《送红线》为世人所知。

冷朝阳其人其诗

冷朝阳，唐代诗人。江宁（今南京）人。唐代宗大历四年（769）登进士第，五年至八年间为相卫节度使薛嵩幕客。唐兴元元年任太子正字，唐贞元中官至监察御史。其诗工于五律，以写景见长。如《登灵善寺塔》："天花映窗近，月桂拂檐香。华岳三峰小，黄河一带长。"辛文房《唐才子传》称其"在大历诸才子，法度稍弱，字韵清越"。有集传于世，不见于史志著录。诗多亡佚。《全唐诗》录存其《送唐六赴举》《立春》等诗十一首；《全唐诗补编》存其诗一首。《全唐文》存其文《林表吴岫微赋》："楚江之阴，岩壑重深。参差远岫，掩映遥林。带残霞之隐隐，含暮景之沈沈。耸孤峰之万仞，擢乔木于千寻。仰之弥高，倚青冥而直上；瞻之弥远，凝黛色而旁临。窗微明而可见，云出没而无心。微雨新晴，阳乌

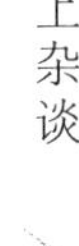

乍晓。芊芊芳树，历历飞鸟。森罗广泽之间，半出重林之表。天高地远，混烟霭而虽微；虎踞龙盘，等衡巫而不小。形标回汉，势混全吴。众鸟所托，群仙所趋。林隔岫而相映，岫依林以相扶。幽兰所生，知其芳矣；仁者所乐，不亦乐乎？春思感于春林，远情驰于远岫。心悠悠以遐想，色遥遥而层构。度材任土，挺翘楚而敷荣；蕴玉藏珍，分绝巘而增秀。信乾坤之覆载，承雨露之繁茂。当峻极于长空，岂蔽亏於侧陋。兰青青兮雨霏霏，望乡路兮吴山微。折芳怀远兮送将归，桂枝片玉兮生光辉。"有兄冷朝光，亦为诗人，唐玄宗天宝前在世。《金陵诗征》卷二以为或系冷朝阳之兄弟，南京人李康成《玉台后集》曾录其诗，《全唐诗》录存其诗一首。冷朝阳生平事迹史载不详，然而，从一些文学作品中尚可寻其踪迹。冷朝阳进士及第后，未待朝廷任命即回江宁省亲，在京城的一些诗朋文友皆设宴赋诗为其送行，为一时盛事。除韩翃外，钱起有《送冷朝阳擢第后归金陵觐省》、李嘉祐亦有《送冷朝阳及第东归江宁》等。《文苑英华》卷七二五于邵《送冷秀才东归序》："昔忝乡赋，多与太学英达为之游。二十年间，学者逃难，石渠遂闭，皷箧无闻。近三四年，复与士合，每岁以故事选实而流颂声，则江宁冷侯由此擢秀。……冷侯深于诗也，秘监韦公叙焉。其为歌诗以出饯，皆汉廷显达，士林精妙，各附爵里，为一时之荣，邵何言哉！觋别而已。"于邵（约713—793），唐京兆万年人，字相门，一作德门。唐玄宗天宝末登进士第，补崇文馆校书郎。出为巴州刺史。历迁谏议大夫、知制诰、礼部侍郎，朝廷大典册必出其手。擢三司使，治薛邕狱，失德宗旨，贬桂州刺史。复为太子宾客，与陆贽不睦，出为杭州刺史。久疾求告，贬衢州别驾，徙江州。可见冷朝阳与之为同时代之人。

冷朝阳家住乌榜村

乌榜村为南京古地名，在今秦淮区朝天宫附近。《至正金陵新志》云："《庆元志》按《图经》：初立西州城未有篱门，立乌榜与建康分界，后名其地为乌榜村。在天庆观西。"《南京园林志》谓："唐冷朝阳园位于城西乌榜村，即朝天宫西南处。"此说大抵来自唐代诗人韩翃《送冷朝阳还上元》："青丝缆引木兰船，名遂身归拜庆年。落日澄江乌榜外，秋风疏柳白门前。桥通小市家林近，山带平湖野寺连。别后依依寒食里，共君携手在东田。”一诗。陈作仪《凤叟八十年经历图记》亦云：“余幼时读韩翊（翃）《送冷朝阳还金陵旧宅诗》：‘落日澄江乌榜外，秋风疏柳白门前。’乌榜村名，虽不能实指其处，总不离汉西门西州桥一带。”《冶西杂咏》亦有：“乌榜村前夕照凉，幽人曾住冷朝阳。即今疏柳秋风里，何处诗家旧草堂。”谓唐诗人冷朝阳宅居于此。而《康熙上元县志》则谓“冷朝阳宅在白下门外。”莫衷一是。姑妄言之，姑妄信之。

冷朝阳作诗送红线

唐代晚期，藩镇割据各。相互吞并，立场不定，连年征战，荼毒天下。据袁郊《甘泽谣》载：红线初为潞州节度使薛嵩家侍女，其时魏博节度使田承嗣暗蓄勇士，即将进攻薛嵩，吞并潞州。薛嵩闻之，日夜忧虑，计无所出。红线于是夜至魏郡，潜入田承嗣卧室，盗取床头金盒而给薛嵩。薛嵩因此写信给田承嗣，并将金盒示之，承嗣惊惧，派使者致谢，薛嵩也因此免去被吞并的危险，逃过一劫。一日，红线辞行离去，薛嵩挽留不成，便广集宾友设宴饯别。薛嵩以歌送红线，请座客冷朝阳为词。冷朝阳作《代薛嵩送红线》：“采菱歌怨木兰舟，送客魂消百尺楼。还似洛妃乘雾去，碧天无际水空流。”《唐诗纪事》亦载：“潞州节度使薛嵩，有青衣善弹阮咸琴，手纹隐起红线，因以名之。一日辞去，朝阳为词云云。”薛嵩乃薛仁贵之孙，“安史之乱”时，投叛军，被封为邺郡节度使。史朝义兵败，薛嵩以相、卫、洺、邢四州降唐，被封为昭义节度使，累迁检校右仆射。唐大历五年至八年间（768—771），冷朝阳入相卫节度使薛嵩幕府。据说，冷朝阳在薛嵩送别红线的宴席吟罢这首诗后，薛嵩非常悲痛，红线亦边哭边拜，托词酒醉，离开宴席。从此，不知所终。袁郊亦据此写就千古传奇名篇《红线传》。

文史研究

南京宝庆银楼早期历史考略

孙善根

享誉近代中国商界的宁波商人具有雄厚的经济实力与杰出的经营才能，他们不仅在银行业、制造业等现代经济领域披荆斩棘，长袖善舞，而且在钱庄、南北货、银楼、药材等传统行业同样推陈出新，大展宏图，其中宁波人从事的银楼业不仅历史悠久，源远流长，而且几乎无一例外地成为各地同业中的翘楚，并成为诸多宁波商人经营的商业领域的常青树。创办于清嘉庆年间的南京宝庆银楼，可谓其中的佼佼者。

长期以来，善于经商的宁波商人商机敏捷，奋发有为，在全国各地各业开拓出一片片属于自己的商业天地。其中被宁波人称为富贵生意的各地银楼业几乎为宁波人垄断。据华东师范大学教授谢俊美先生研究，近代上海银楼经理籍贯 90% 为宁波人，而在宁波人中，慈溪、镇海商人又独占鳌头，占据绝大多数[1]。史称“甬人营银楼业者，以慈、镇两帮为多，全国各埠随处皆有”。[2] 名闻遐迩的南京宝庆银楼就是由慈溪商人裘氏创立的一家著名的银楼业老字号。

慈东横山裘墅村的裘氏家族为银楼业世家。这个家族曾走出不少银楼业巨子，到民初裘氏经营银楼已历经五世。裘氏银匠出身，早年独资在宁波创设老天宝银楼。以此起家，先后创设了上海裘天宝，南京宝庆、宝兴银楼，镇江宝庆银楼以及扬州宝庆银楼等。其中南京宝庆银楼发端于清代嘉庆年间，但对此学术界有两种不同的看法。一种认为该银楼于清嘉庆年间创办于宁波，1886 年即清光绪十二年从宁波迁至南京驴子市（今建康路）。另一种确认清嘉庆二十三年（1818）创办于宁波，1886 年迁入商贸繁华的驴子市。无论如何，在南京宝庆银楼的历史上，1886 年是确定无疑的，也是一个相当重要的年份，以致 20 世纪二三十年代相关报道与记载，都以这一年为承恩寺大街上宝庆银楼元年。当年宝庆银楼开张，为此 7 月初银楼特地在上海的《申报》刊登了开业广告：南京新开宝庆银楼，在南门内承恩寺前大街，发兑十足条锭赤金，精制金银满汉首饰，工致细巧，定价克己，先行交易，择吉开张[3]。据称，当时银楼装修富丽堂皇，其“门外雨搭系用铁柱，护以铁栏，规模为通市所未有。闻此雨搭须洋五百元，其他装修之堂皇华丽可见一斑”。由于南京风尚素来简朴，“金陵市面与苏杭上海不同”，宝庆银楼开业如此“高调”，引发了当时媒体的啧啧议论[4]。但后来宝庆银楼的发展相当火爆，证明当时其经营策略是成功的，时人称其“开设未久，局面焕然。”期间银楼多次遭遇兵祸与火灾，甚至开业不久即被骗五百金，损失不菲，尽管如此，银楼仍得到了很大发展。到清末民初，宝庆银楼已确立南京同业中的龙头地位。1915 年前后，为适应营业扩张的需要，银楼对场地进行扩建，“翻造房屋……仍迁承恩寺大街原处交易。”[5] 1925 年，银楼又进行了一次大规模的重建。当时《中外经济周刊》以《南京宝庆银楼回复原状之进行》为题报道说：南京宝庆银楼，为南京各银楼之资本最大、生意最好者。该店在南京状元境口左首朝北门内，营业届今已四十余年。无论南京何界，皆知其牌号住所，名誉上固较他家银楼，占有特殊优点。该店所造金银各色首饰，亦实能花样翻新、各色俱备，生意上尤以赤金珠宝之买卖为最巨。去岁冬间不幸，因兵变之故，屋被火焚，致历今数月巨大之生意几同停滞，南京住民之买金饰者，亦甚感不便。其原因为该店被焚之后，虽暂以府东大街朝西门面，继续交易，但该处之后进房屋究嫌太少，不但订货制货上不便，且于顾客之寻找上，亦觉稍难。故自今岁三月（阴历），该店已于原住处所，筹备重建，并加添资本，拟于生意种类上，益加扩充。现在该店之新建洋楼，已将竣工，不久即可正式开幕。届时于金银首饰之精巧上，想有一番表示也。[6]

1929 年，宝庆银楼一尊“银鼎”摘取“西湖博览会”特等奖桂冠，名震大江南北，开始确立其在全国银楼业中的重要地位。

由于宝庆银楼牌子香，影响大，具有很高的知名度与美誉度，引发同业假冒与仿制。为此 1929 年 9 月间，银楼代理律师在报上刊登声明予以澄清：宝庆银楼开设本京承恩寺街，金赤银纹，信用久著，只此一家，并无分设。如有假借名义，或用其似是而非之牌号，以图鱼目之计者，本律师当尽法律保障之责。为特代表声明，李宗谦律师事务所。[7]

进入二十世纪30年代后，由于受经济萧条影响，作为富贵生意的银楼业盛况不再，但宝庆银楼仍稳居南京银楼业霸主地位。1935年第31期《国货月刊》报道说：当时南京银楼70家，资本80万元，分为本帮与浙帮两派，“执该业牛耳者为浙帮之宝庆银楼。”[8]

长期以来，宝庆银楼主要从事传统金银饰品（摆件）工艺生产与销售，以首饰业务为主，制作金银首饰与银器等三大类商品，另外也制作宝星徽章等。拥有专门的作场，聘请手艺高超的师傅从事金银饰品的加工制作。种类繁多，做工精美。其经典摆件“八仙过海”“十八罗汉”“唐僧取经”，在市场上有很高的知名度。1911年，辛亥革命光复南京后，联军总司令徐绍桢犒赏革命有功之人，要求颇具名声的宝庆银楼铸造“光复南京”的奖章，并以江浙联军总司令的名义，亲自手书颁发奖章证书奖励有功之士，周得禄位列被表彰者之中。1963年，南京市博物馆向周得禄后代征集奖章证书，列入馆藏，成为纪念辛亥革命光复南京的重要文物史料。

期间，南京宝庆银楼兼具储蓄等金融职能，客户可以在银楼存钱生息。如1911年8月，有客户在宝庆银楼的洋五百元生息存折被窃，而不得不在报上刊登广告，声明存折作废。[9]

长期以来，宝庆银楼经营者时有变化，但基本上是清一色的慈溪人，股东与员工也以慈溪人为主。为此，银楼对外经常冠以南京浙江宝庆银楼字样。1918年，上海的宁波同乡会为建造新会所与商业学校发起募捐时，该银楼也捐款大洋10元予以响应。[10]1930年宁波旅京（南京）同乡会成立时，银楼即是作为团体会员参会的。

据现住宁波慈城（旧慈溪县城）的葛清成先生（退休前为宁波第三医院党委书记）讲述，其父葛志鸿1931年入南京宝庆银楼当学徒，拜同是慈城人的银楼阿大（即经理）毕氏为师。葛志鸿满师后即在银楼工作。据其父亲回忆，当时银楼股东与员工以慈溪人为主。银楼在南京同业中是头块牌子，经营情况相当好，员工收入也相当不错。所以他颇有一些积蓄，于1941年出来单独在南京开了一家银楼，还在家乡造了别墅。[11]

（作者单位：宁波大学宁波帮研究中心）

注：

［1］谢俊美：《近代上海银楼述略》，《上海档案史料研究》第3辑，上海三联书店2007年。

［2］《各埠同乡消息》，载《宁波旅沪同乡会月刊》第73期，1929年。

［3］《申报》1886年7月6—12日。

［4］《白门秋信》，《申报》1886年8月18日。

［5］《申报》，1915年12月27日。

［6］《中外经济周刊》1925年第117期。

［7］《宝庆银楼李宗谦律师声明》，《申报》1929年9月8日。

［8］《京市银楼业概况》，《国货月刊》第31期。

［9］《存折被窃》，《申报》1911年8月13日。

［10］《宁波同乡会募捐消息》，《申报》1918年10月6日。

［11］2020年10月19日在慈城采访葛清成先生。

史志资料

上元县

摘自《太平寰宇记》卷九十

濮小南　点校

二十四乡，晋江宁县地。唐贞观七年（633），移还旧郭，即今所置县也。至九年（635），改为江宁县。安禄山乱，肃宗以金陵自古雄踞之地，时遭艰难，不可以县统之，因置升州，仍如节制，实资镇抚。时人艰弊，力难兴造，因旧县宇，以为州城。禄山平后，复废州，依旧为县。上元二年（675），改为上元县，隶润州。光启三年（887），复为升州，领上元一县，元治凤台山西南，今移在伪司会府。

舰澳

梁武帝所开，今在光宅寺东二百五十步，其寺即武帝旧宅。每从城归宅，仪仗舟车骈戢溢路，开以藏船。其澳两岸隈曲一十有一，砌石为之，至今不毁。其水源出自娄湖，下达秦淮，迂回五里。

鸡笼山

在县西北九里，连龙山，西接落星冈，北临栖玄塘。《舆地志》云："其山状如鸡笼，以此为名。"晋元帝等五陵，并在山之阳。

蒋山

在县东北十五里，周回六十里。面南顾，东连青龙、雁门等山，西临青溪；绝山南面有钟浦水流，下入秦淮，北连雉亭山。按《舆地志》云："蒋山，古曰：金陵山，县之名，因此山立。"汉《舆地图》："名钟山，吴大帝时，有蒋子文，发神验于此，封子文为蒋侯，改曰：蒋山。"徐爰《释问》云："诸葛亮以为钟山龙盘。"又：庾阐《扬都赋》云："司马德操与刘恭嗣曰：黄旗紫盖，恒见东南，终能成天下之功者，扬州之君子乎？"谓斗牛之间，恒有此祥气。《丹阳记》云：

“出建阳门，望钟山，似出上东门望首阳山也。其山本少林木，东晋时，使诸州刺史罢职还者，栽松三十株，下至郡守，各有差焉。”自梁以前，山立寺七十所，即见在者一十三。晋尚书谢尚、齐中书侍郎周颙、宋应玚梁阮孝绪、刘孝标等，并隐居此山。《丹阳记》云：“京师南北，并连山岭，而蒋山岧峣，嶷峻有异，其形像龙，实作扬州之镇。”

秦淮

在县治东南，相传秦始皇所凿。王导使郭璞筮之，曰：“淮水绝，王氏灭。”即此。

桃叶渡

在秦淮口，王献之爱妾名桃叶，尝渡此，献之作歌送之，故名。

吴大帝陵

在县东北，蒋山南八里。按《丹阳记》：“蒋陵，因山为名。”《舆地志》云：“（九日）台，当孙陵曲折之旁，故曰：蒋陵亭，亦曰：孙陵亭。”

宋高祖陵

在县东北一十里

晋中宗陵

在县东一十里

宋蒋陵

在县东北蒋山下一十里。

土山

在县南三十里。按《丹阳记》：“晋太傅谢安，旧隐会稽东山，因筑像之，无岩石，此谓土山也。有林木台观，娱游之所。安就帝请朝中贤士子侄亲属会宴土山。梁萧正德各修筑以为庄，下有湖水。”按《吴志》：“大将军孙綝以兵迎景帝于半野，拜于道侧。”即此山也。

方山

在县东南五十里，周回二十里，高一百一十六丈，其山四面等方孤绝。《舆地志》云：“湖孰西北有方山，顶方正，上有池水，齐武帝于方山筑苑，吴大帝为仙者葛玄立观焉。”山谦之《丹阳记》：“秦始皇凿金陵，此山是其断者，山形整耸，故名为方山。”谢灵运东出，邻里相送至方山，赋诗。《齐书》：“徐孝嗣

从武帝幸方山，欲于此山后起离宫。孝嗣答曰：‘绕黄山，款牛首，乃盛汉之事。今江南未旷，民亦劳止。’上乃止。”

四望山

在县西北十五里，高十七丈，西临大江，南连石头，北接卢龙山。按《南徐州记》：“临江有四望山，吴大帝常与仙者葛玄共登陟之。”《吴志》：“孙皓杀司市中郎将陈声，投于四望山之下。”其山迥，可望四方，以为名。

卢龙山

在县西北二十里，周回五里，西临大江。按《旧经》：“晋元帝初渡江，此尽为虏寇所有，以其山连石头，开凿为固，故以卢龙为名。”

幕府山

陈武帝杀北齐军（将）四十六万（人）于此下。

落星山

在县东北三十五里，周回六里，东接临沂山西接摄山，北临大江。按《南徐州记》：“临沂县前有落星山，吴大帝时，山西江上置三层高楼，以此为名。”吴主游猎憩息地。《吴都赋》云：“飨戎旅于落星之楼。”后又有桂林苑与楼，即其所也。王僧辨率陈霸先等，于石头城连营立栅于落星山，贼大恐。

摄山

在县东北五十五里，高一百三十二丈，东达画石山，南接落星山。《舆地志》云：“江乘县西北，有扈谦所居宅村，侧有摄山，山多草药，可以摄生，故以名之。”《江乘地记》：“扈村有摄山，形方，四面重岭，似伞，故名伞山。”

汤山

在县东北八十里，西接云穴山，不甚高，无大林木。有汤出其下，大小凡六处，汤涧绕其东南。冬夏常热，禽鱼之类，入者辄烂；以煮豆谷，终日不熟；草木濯之，转更鲜茂。旧有汤泉馆并庙，在其南，今废。

青溪

在县北六里，阔五尺，深八尺，以泄玄武湖水，南入秦淮。按《京都记》云：“鼎族多居其侧。”《舆地志》云：“水源北出于钟山。”《旧经》：“巴（城）南九里入于淮，溪口其埭侧，有青溪祠，其溪因祠为名。”又云：“按水为言，故名清溪。”

俗说云："郗僧施溪中泛舟，一曲辄作诗一篇。"谢益寿云："青溪中曲，复何穷尽。"

玄武湖

在县西北七里，周回四十里，东西两派，下入秦淮。春夏深七尺，秋冬四尺，灌田百顷。徐爰《释问》曰："湖本桑泊。"晋元帝太兴（318—321）中，"创为北湖。宋筑堤，南抵西塘，以肄舟师也。"又《京都记》云："从北湖望钟山，似宫亭湖望庐岳也。"按：宋元嘉二十三年（446）筑堤，以堰水为池。《舆地志》云："齐武帝理水军于此池中，号曰：昆明池。"故沈约《登覆舟山诗》云："南瞻储胥馆，北眺昆明池。"即此。其湖通后苑，又于湖侧作大窦，引湖水入宫城内天泉池中，经历宫殿，溯流回转，不舍昼夜。宋元嘉末（453），有黑龙见湖内，故改为玄武湖也。

迎担湖

在县西北八里，周回五里，其水坳下，不通江河。《南徐州记》云："县西北五里，有迎担湖，昔晋永嘉（307—312）中，帝迁衣冠席卷过江，客主相迎湖侧，遂以迎担为名。"

马昂洲

在县西北三十三里，周回十五里。《南徐州记》云："临沂西入江，北三里，有马昂洲，晋帝渡江牧马于其所，故名之。"

舟子洲

在县西五里，周回七里。《舆地志》云："梁天监十三年（514），以朱雀门东北淮水纡曲，数有患，又舟行旋冲太庙湾，乃直通之，中央为舟子洲。四方诸郡秀才上计，所憩止于此。"

故丹阳郡城

在县东南四里。《舆地志》云："丹阳郡，本吴地。楚、汉之际，江、淮之间，溧阳以北，皆属荆王刘贾、英布、吴王濞、江都易王非，并有其地。元封二年（前109），以为丹阳郡，领宛陵、于潜、江乘、春穀、秣陵、故鄣、句容、泾、石城、湖孰、陵阳、芜湖、黝、溧阳、宣城、歙、丹阳，凡一十七县，理于宛陵。"

西浦

《郡国志》云："金陵西浦，亦云项口，即张硕捕鱼遇杜兰香处。"

建康县城

在县西一里。吴大帝自京口迁秣陵，改建业。晋避愍帝讳，改名建康。元帝止都焉，初县理本在宣阳门内。苏峻之乱，被焚，移入苑城。既为台城，乃徙金都（陵）乡朱雀里，又云：大亭里。盖晋元帝初过江，为琅琊国人所立怀德县处。又《乐录》云："吴王夫差移鼓于建康之南门，有双鹭从鼓中飞出，或云：鹭者鼓之精。"

琅琊城

在县东北六十里，王隐《晋书》云："江乘南岸，蒲洲津有城，即琅琊城。"

东府城

在县东二里。《舆地志》云："晋安帝义熙十年（414）筑，其城西即简文帝为会稽王时第，其东则丞相会稽文孝王道子府，谢安石薨，以道子代领扬州，第在州东，故时人号为东府。而号府廨西州。"又按《丹阳记》云："扬州廨，乃王敦所创，门东、南、西三门，俗谓之西州。永嘉初（307），罢扬州，缮为未央宫。陈初（557），又修为扬州廨。"

故费县城

在县西北九里。《南徐州记》："在建康北二里，即怀德县，寄建康北境。又置琅琊郡，割潮沟为界，陈亡废。"

临沂县城

在县西北三十里，在临沂山西，北临大江。《舆地志》云："晋成帝咸康七年（341），分江乘县，立临沂县，属琅琊郡。"又云："本南徐州之属，晋则诸葛恢，宋则臧焘，梁则孟智，陈则明僧绍之子仲璋、傅彝，并为临沂令。以后无闻。晋太保王导，群宗并其县人。"陈亡，废。

古扬州城

今江宁县城在其西偏，城东至西州桥，西至冶城，周回三里，后汉因之不改，即此城也。

古丹阳郡城

在今长乐桥东一里，南临大路，城周一顷，开东、南、北三门。城本属秦之鄣郡，前汉武帝元封二年（前109），改鄣郡置丹阳郡。今此城，即晋武帝太康元年（280）筑也。宋、梁、齐、陈，因之不改。

古建康县

初置在宣阳门内，晋咸和三年（328），苏峻作乱，烧尽，遂移入苑城。咸和六年（331），以苑城为宫，乃徙出宣阳门外御街西，今建初寺门路东。是时，有七尉部：江尉，在三生渚；西尉，在延兴寺后巷北；东尉，在吴大帝陵，今蒋山西门；南尉，在草市北，湘宫寺前；北尉，在潮沟村；左尉，在青溪孤首桥；右尉，在纱市。

石头城

楚威王灭越，置金陵邑，即城也。后汉建安十七年（212），吴大帝乃加修理，改名石头城，用贮军粮器械。诸葛亮曾使建业，谓大帝曰："钟山龙盘，石城虎踞。"即此也。西南最高处，有吴烽火楼，城东有大石，俗呼为：塘冈，即王敦害周伯仁、戴若思处，百姓冤之，乃记其石焉。宋废帝景和初（465），修缮为长乐宫。隋平陈后，用蒋州城。辅公祏据江东，用为扬州。赵郡王孝恭平公祏，又于城置扬州大都督府，后徙扬州于广陵，此城遂废。

废琅琊郡城

本晋元帝初过江，为琅琊国人立，地在江乘县界。齐武帝永明六年（488），移琅琊于白下置。本名白石垒，在县西北十八里。齐、梁讲武于此。

宣武城

在县西北九里。《舆地志》云："宋大明三年（459），沈庆之所筑。初，孝武欲北伐，问庆之须兵几何？庆之曰：二十万。帝疑其多，对曰：攻守百倍。帝乃令庆之守此城，帝自率六军攻，不能下，乃止不讨。"又曰："宋立宣武为城名，帝阅武于其地，亦谓为：武帐冈。"陈亡，废。

同夏故城

在县东十五里。《舆地志》云："梁大通三年（529），分建康之同夏里，置同夏县。陈平，毁之。"

故白下县城

在县西北十四里。《舆地志》云："本江乘县白石垒，齐武帝以白下地依带江山，移琅琊郡居之。"陈亡，废。唐武德元年（618），罢金陵县，筑城于此，因

其旧名。贞观十七年（643），又移还旧郭，其城乃废。

辅公祏城

在县东七里，《舆地志》云："齐文惠太子之第也。"唐武德七年（624）辅公祏筑以为城。赵郡王孝恭平之，其城遂废。

故越城

在县西南七里。《越绝书》云："东瓯越王所立也。"即周元王四年（前473），越相范蠡所筑。今瓦官寺东南，国门桥西北。又《曹氏记》云："在秣陵西十五里，昔勾践平吴后，遣兵伐之，仍筑此城，去旧建康宫八里。晋初移丹阳郡，自芜湖迁城之南。"

古冶城

在今县西五里，本吴铸冶之地，因以为名。晋元帝太兴初（318），以王导疾久，方士戴洋云："君本命在申，申地有冶，金火相铄。"遂使范逊移冶于石城东，髑髅山处，以其地为园，多植林馆。徐广《晋纪》："成帝适司徒府，游观冶城之园。"即此也。谓之西园

东田

齐文惠太子立楼馆于钟山下，号曰：东田。太子好与府客游幸东田，人语为颠童。谢玄晖《游东田诗》云："戚戚苦无悰，携手共行乐。寻云陟累榭，随山望菌阁。远树暖阡阡，生烟纷漠漠。鱼戏新荷动，鸟散余花落。不对芳春酒，还望青山郭。"即此也。

乌衣巷

晋代王氏居乌衣巷者，位望微减，多居宪台。江左膏粱名士，多不乐为。王僧达为中丞，王球谓曰："汝为此官，不复成膏粱矣。"

卞望之墓

卞壶，字望之，安帝义熙九年（413），盗开卞壶墓，剖棺掠之，尸僵，须发苍白，面色如生，两手拳，爪甲出透手背。敕：给钱十万，重修营之。按：冢在今紫极宫后，临岭构亭，号曰：忠贞亭。

蒋庙

按《金陵图》云："钟山，故金陵山，后汉末，蒋子文为秣陵尉，逐盗钟山北，

伤额而死，尝自谓青骨，死当为神。至吴大帝卜都，子文乘白马，幞头，执白羽扇，见形，语故令史白吴主，为立庙。不尔，当百姓大疫。大帝犹未信，又翌日见于路，曰：当令飞虫入人耳。后如其言。帝诏：立庙钟山，封子文为蒋侯，改钟山为蒋山。即此也。”又《梁书》云：“武帝时，旱甚，诏于蒋帝神求雨，十旬不降。帝怒，命载荻焚庙并其神影，尔日开朗。将欲起火，当神上忽有云如伞盖，须臾骤雨。台中宫殿，皆自震动。帝惧，驰诏追停。少时还静。自此，帝诚信遂深。自践祚来，未曾到庙，于是备法驾，将朝臣修谒。时魏将杨大眼来寇钟离，蒋帝神报，必许扶助。既而无雨，水暴涨六七尺，遂大克魏军。神之力也，凯旋之后，庙中人马足皆有泥湿。当时，并目睹焉。”

太初宫

方五百丈，本吴长沙桓王孙策故府也。大帝自京口迁建业居之。黄龙元年（229），还都建业，因居故府不改。

郭文举台

在冶城内，晋太尉王茂弘所筑，文举居之。

临沧观

在劳山，山上有亭七间，名曰：新亭，吴所筑。宋改为新亭，中间名临沧观。晋周顗与王导等，当春日登之会宴。顗曰：“风景不殊，举目有江山之异。”即此也。谓之：劳劳亭，古送别所。

乐游苑

在覆舟山南，北连山筑台观，苑内起正阳、林光等殿。按《陈书》云：“乐游苑，陈宣帝即位，北齐使常侍李（騊）騟来聘，赐宴乐游苑。”尚书令江总赠诗云：“上林开宴务流连”，即此也。

桂林苑

吴立，在县北四十里，落星山之阳。《吴都赋》云：“数军实于桂林之苑”，即此也。

芳林苑

一名桃花苑，本齐高帝旧宅，在废东府城东边，秦淮大路北。齐王融作《曲水诗序》云：“载怀平浦，乃眷芳林”，即此也。

尊经书院志略（一）

杨献文

创建·沿革

清嘉庆十年（1805），两江总督铁保、布政使康基田，主持重建因前一年火灾焚毁的江宁、上元（今南京）县学尊经阁，并以该阁建立尊经书院。该书院院长和主讲由两江总督聘任。首任院长黄镕。

《首都志》：嘉庆中增尊经。《江宁府志》尊经书院，即尊经阁也。阁在学后，明代贮国学经籍及二十一史版。国朝因之，嘉庆十年尊经阁毁，二十一史版及三段碑（落星石）皆归于烬。前布政使康基田捐资重建，即基地设书院，阁后有土阜，建亭其上。

《首都志》卷七：自嘉庆十年（乙丑五月二十八日），尊经阁毁于火。各种书板及吴《天玺纪功碑》（俗曰《天发神谶碑》，又曰《三段碑》尽焉。总督铁保、藩司康基田重建之），因以为尊经书院（阁下祀铁、康二公及院长黄镕三人），乱后新造。

《首都志》卷十六：嘉庆十一年，县学尊经阁灾，廿一史版及《三段碑》落星石皆毁。布政使康基田重建之，因立尊经书院以课生监。

《白下琐言》：尊经阁上设龛，奉制军铁保，春秋诸生致祭，所以报本也。

《同治上江两县志》卷八学校：尊经阁，藏国学十三经、廿一史、通鉴纲目、通典、通考、会典、通志诸书板。顺治十七年，冯如京重修而郎廷佐序之。所谓南鉴板，二十一史也。阁上下各五楹，苑亦极广，东西若堂焉。旧为尊经书院。阁后有苑，有土山曰卫山。故尊经阁烬，余《三段碑》碎石及圣贤旧像所藏也（程庭祚曰明世宗时瘗圣贤塑像于下）。（土山）上有警一亭，杂莳梅竹以卫之。

土山前之东，有小门为圃，圃东出为南北通道，道北为圣贤祠。

道光九年（1829），布政使贺长龄筹款维持尊经书院教学，但无地建筑房屋，以尊经阁开课。不收驻院生员。外籍学者不准附试入学。

《首都志》转引《续纂江宁府志》：前志所载诸书院，嘉庆中多圮，惟存钟山……尊经（贺公《道光九年布政司贺长龄》课之如钟山，惟无地建屋耳）……外籍学者准其附试（须有本学学官印文，否则不准。尊经不准）……尊经无驻防。

道光十三年（1833），两江总督陶澍建立惜阴书院于乌龙潭盔（博）山之阳，选取钟山、尊经两书院高才生，在本书院学习举子业之同时，又入惜阴书院兼学经诂之作与诗、古文词。

《中国书院资料·胡培翚〈惜阴书院别诸生文〉》：长沙陶文毅公总制两江，以育才为先，特于金陵博山之阳，建惜阴书舍。择取钟山、尊经两院高才生肄业其中，仿鸡笼山故事，而课以经史文三者，使日讲求有用之学，无仅耗心力于时光。其可谓善矣。

《中国书院资料·薛时雨〈惜阴书院西斋课艺序〉》：金陵文物望海内，凡书院曰“凤池”，课童子之有文者；曰“钟山”、曰“尊经”，课举子业；曰“惜阴”，课诂经之作与诗、古文词，经始于陶文毅。

太平天国时期（1853），书院皆毁于兵火。同治三年（1864），太平天国失败，曾国藩任两江总督，首以兴文教为急务，恢复钟山、尊经两书院。周侍御（周学浚）主尊经书院。继之，聘薛时雨与李联秀轮流主讲惜阴书院，薛兼尊经书院院长。

《中国书院资料·薛时雨〈惜阴书院西斋课艺序〉》：……癸丑毁于兵，曾文正公与合肥伯相复之。主钟山者为临川李大理，瑞安孙学士继之；主尊经者为乌程周侍御，而继之者予。

同治八年（1869），两江总督马端敏公复聘薛时雨任江宁尊经书院院长。院中肄业生200余人。

《首都志》卷七：同治八年，马端敏公总督两江，聘（薛时雨）主江宁尊经书院兼惜阴书院。

《中国书院资料·顾云〈桑根先生行状〉》：咸丰八年，端敏公总督两江，复

聘（薛时雨）主江宁尊经书院兼惜阴书院……即主讲江宁凡十七年，人士服其教久，亦结庐钵山五龙潭上，宿儒汪孝廉士铎为之记。

光绪二十七年（1901），朝廷颁布废书院制度，尊经书院受命改为校士馆。凡是未能进入学堂学习的举人、贡生，以及童年齿，收入校士馆，按月考试策论和经义，并评出等级，仍就按书院标准发放膏火费。至三十年（1904），校士馆停办。三十一年（1905），尊经阁随县学明德堂一起改为“宁学会”，后又改学务公所，各种演说皆在县学。次年，以原用以资助举人进京参加会试、殿试的“公车款”，设立公立学堂于明德堂。

《中国书院资料·改书院为学校上谕》：清光绪二十七年十月十五日。“著各该督抚饬地方官，各将所属书院处所，经费数目，阴（应）两个月详复具奏，即将各省、府、厅、州现之有大小书院，一律改为兼习中学、西学之学校。至于学校，自应以省会之大书院为高等学，郡城之书院为中等学，州县之书院为小学，皆颁给京师大学堂章程。……民间祠庙，其有不在祀典者，即着由地方官晓谕民间，一律改为学堂，以节靡费而隆教育。”

《首都志》卷十六：光绪二十七年，废钟山书院（开江鄂编译官书局于钟山书院）、惜阴、文正、奎光四书院，留尊经、凤池，改名校士馆。

《中国书院资料·两江总督刘坤一〈奏陈筹办江南各学堂折〉》：清光绪二十二年春，“其尊经、凤池两书院改为校士馆。奎光书院归并凤池。凡举贡生、童年齿已逾定章，未能入学堂者，按月课试策论、经义，膏奖悉乃其旧，以示体恤”。

《首都志》卷七：至光绪癸卯（二十九年）甲辰（三十年）间，尽改为学校焉。

《首都志》卷十六：三十一年，县学明德堂改“宁学会”，后改学务公所，各种演说多在县学。

《首都志》卷十六：（三十年〈1905〉）春，以“公车款”设公立学堂于明德堂。

生员·课业

道光八年（1828）及以前，生员和课业记载缺如。

道光九年（1829），布政使贺长龄恢复尊经书院，参照钟山书院课业育之。生员，有内课外课生之分（《中国书院辞典》：书院生徒名称之分，内课是对成绩优异者的称谓，外课是对成绩低于内课者的称谓），内课生30名，外课生90名，不收八旗籍生员，亦不收住院读书生员和外籍生员。每月进行两次考试，逢乡试之年，科举乡试前一月进行三次考试，即逢二为日期（初二、十二、二十二），地方官进行一次考试，书院教师进行两次考试。

每次考试，辰时（早晨七至九时）入场，酉时（晚十七时至十九时）出场；乡试前一月有午饭，肉一方，蔬菜一盂。同时，编纂《皇朝经世文编》，以教士子。

《首都志》转引《续纂江宁府志》：惟有钟山（……月二试。科举年场前月三试，逢二为期，每试辰入酉出，有午饭，肉一方，蔬一盂。又纂《皇朝经世文编》以教士）。……其钟山内课五十名……外课七十名（膏火银两，内课每月二两四钱，外课半之）。尊经，内课三十名，外课九十名，无驻防（膏火如钟山）。

道光十九年（1839），书院开课如常，遇乡试之年，开设三种课业，称制举之业。《清代科举考试述录》载：顺治二年颁《科场条例》，科举考试乡试分为三场，考试时文、论、经史三种。

《中国书院资料·陶澍〈惜阴书院章程〉》（道光十九年）：研经究史为致用之具，高文典册乃华国之资，功令虽以时文取士，然钟山、尊经两书院按月再课，遇科场之年，且致三课，实已详备。溯金陵鸡笼山故事，经、史、文三学并立。今兹增设惜阴书舍，……分经、史、词章三门命题课士，制举之业仍归两书院，俾（避）免重复。

道光二十八年（1902），两江总督刘坤一上奏朝廷，改尊经书院为校士馆，按月开课举办考试，内容为策论、经文、义三门课业。生员参加朝廷举行的科举考试。至三十年（1904），校士馆停办。

《中国书院资料·两江总督刘坤一〈奏陈筹办江南各学堂折〉》下册，清光绪二十八年（1902）春……按月课试策论、经义，膏奖乃其旧……

经费·养士银

嘉庆十年（1805），尊经书院初建，总督铁保以捐薪资俸相助，并倡导属下捐款，作为书院经费。布政使康基田捐公费银二万金，作为生员膏火费（见后《文录》）。

道光九年（1929），布政使贺长龄筹款，维持书院正常教学。生员伙食费，即“膏火银”（《中国书院辞典》载：本指膏油灯火，后世称官府、学校或书院发给肄业学生的津贴费用。一般用于资助家境贫寒之生徒，也有普遍散发或用作奖励者），每月内课生二两四钱，外课生发一半，即一两二钱。

《首都志》转引《续纂江宁府志》：尊经（贺公《道光九年布政司贺长龄》课之如钟山），其钟山……（膏火银两，内课月二两四钱，外课半之。）尊经……（膏火如钟山）。

光绪二十八年（1902），尊经书院改为校士馆，膏火银如书院时期标准发放（见前条《中国书院资料·两江总督刘坤一奏折》注文）。至光绪三十年（1904），科举制度废止，馆停办（见前条《首都志》卷七注文）。

人物录

尊经书院，院长和主讲资料分散典籍之中，难以搜集，故作志略记之。此列十位院长和主讲名录，简传详见《秦淮夜谈》第二十七集。

黄镕（？—1812），江苏上元人。嘉庆十年（1805）任院长。

石韫玉（1756—1837），江苏吴县人。嘉庆十八年（1813）掌教书院。

任泰（1789—？），江苏宜兴人。道光八年（1828）任主讲。

蔡世松（1775—1845），江苏上元人。道光二十二年（1842）任主讲。

周学浚（1810—1858），浙江乌程人。约道光末、咸丰初主持书院。

薛时雨（1818—1885），安徽全椒人。同治八年（1869）任院长。

卢崟（1834—1893），南京人。光绪五年（1879）主讲书院。

黄云鹄（1819—1898），湖北蕲春人。光绪二十年（1894）任主讲。

蒯光典（1857—1911），安徽合肥人。光绪二十二年（1896）任主讲。

张仲炘（1857—1919），湖北江夏人。约光绪二十六年（1900）任主讲。

文录

尊经书院记

——（清）铁保

都会之地，荟萃人文，倡导风俗惟书院。以时肄习诸生鼓舞而振兴之，所关巨矣。余自乙丑莅两江，既于苏郡增设正谊书院，复就江宁尊经阁址改为书院，而仍其名。

余先倡捐经费，一时同事诸君，更以廉俸相助，输换斯美，聿观厥成。盖于钟山讲席外，又为都人士一渊薮焉。

董其事者，康茂园方伯（康基田，字耕，号茂园），殊殚心力，两淮业鹾之家，又公捐二万金，助其膏火。夫经者常也，万世不易之常道也。阁虽毁而得书院以新之，于前人命名之意，尤为切近有实效，诸生善体尊闻行知之义，勤求乎典坟丘索，不悖乎？纲纪彝伦，蒸然日进于常道，蔚然共存乎圣化，余固厚望焉。

金陵湖南会馆小志

金毓平

序

六朝金粉，十朝都会，金陵自古繁华。天下文枢，经济中心，客旅往来熙攘。明代以降，官员、富商为便利乡党，纷纷出资建会馆于斯。太平天国败亡，有湘军将领于城南置地购屋，翻盖修葺为湖南会馆，供旅宁同乡寄住、议事，时人有所记。然世事沧桑，近代以来，金陵历经兵燹，百姓惨遭屠戮，城市数度被毁，文物荡然无存，如今城市焕然一新，曾经遍布全城的会馆今已少觅踪影。然而，作为一种文化印记，会馆亦常被追忆。湖南会馆是当年南京众多会馆中规模最大、影响最广的会馆，则受到更多关注。今有未深究者，或肆意演绎，或张冠李戴，以致误导他人。吾感于斯，故不揣浅陋，将平日所录，整理为小志，以供参阅，或有益于大众，亦甚幸矣。

2021年11月23日凌晨于城东善墨堂

一、史载

《曾国藩日记》

同治三年七月初十日："进城至伪侍王府，沅弟曾国荃请诸将戏酒酬劳，余与人看戏，至正午开筵。未刻至伪英王府一看，酉刻回营。"

同治三年七月十一日："巳刻进城，请客听戏。午初倦甚，至伪戴王府小睡片刻。中饭后至伪英王府小歇，酷热异常，不能治事。将来即拟以伪英王府为总督衙门。"

同治三年七月十二日:“是日贡奉慈安太后万寿，借伪侍王府设帏帐率文武行礼，即在该处早饭。饭后，余仍至伪英王府小睡，指示委员将房屋应行修改之处粘签。午初，再至伪侍王府听戏陪客。”

同治四年二月廿二日:“旋出城送君梅于舟次，又至湖南会馆相视修葺之法，申正归。”

同治四年七月十七日:(作会馆并戏台对联毕)“旋见客一次，将对联作成。……再作对联一副。”

同治六年三月初九日:“彭雪琴来一坐。因与同至湖南会馆，观方子恺所为大地球，周览馆中各屋。”

同治七年四月廿八日:“午初至湖南会馆一览，即盐商包家之棣园，吾乡业盐者买之以为会馆。雕楹刻栋，佳木异石，穷极工巧。”

赵烈文《能静居日记》

同治三年七月初九日:“入城循淮西行，至伪侍王府，钓鱼台汪氏宅也，又至伪英王府，水西门张氏宅也。英府拟中堂居，侍府拟中丞居。”

陈作霖《秉烛里谈》

新桥钓鱼台，旧有大宅，相传为孔天官(句容人，名贞运，以吏部侍郎入阁)故第。粤贼踞城时，伪英王陈玉成居之，屋宇宏敞，亭榭回环，故克复金陵日，曾忠襄即驻节于此。凯旋后，湘军诸将购得之，遂修葺以为湖南会馆云。

陈作霖《凤麓小志》

钓鱼台有圆通庵，有湖南会馆，馆为明孔阁部贞运宅，俗呼孔天官家环碧园，至今未圮矣。

杜福堃、陈迺勋《新京备乘》

新桥钓鱼台，旧有大宅，相传为孔天官故第(句容人，名贞运，以吏部侍郎入阁)。太平据城时，英王陈玉成居之，屋宇宏敞，亭榭回环，曾忠襄公克复金陵，

曾驻节于是。后为湘军诸将所购，改为湖南会馆。

朱偰《金陵名胜古迹影集》

在中华门内钓鱼台，为金陵各省会馆中之最大者。馆建于同治年间，正厅三进，饶泉石之胜。今贫民麇集，已日渐颓废矣。

徐寿卿《金陵杂志·会馆志》

湖南会馆在钓鱼台。

二、规模

湖南会馆位于新桥钓鱼台，旧有大宅，相传为孔天官故第。太平天国时为侍王李世贤府。天京陷落后，曾国荃曾经在此居住，后来湘军诸将买下这片宅院，修葺而成。其时八字大门朝东，对着秦淮河，门前河边有个大照壁，门口有一对大石狮。进门房屋四进，两侧各有五进房舍。内有楼台亭阁、水池假山的大花园，名“环碧园”。有一青砖砌制，青砖雕花的大戏台。

1928年《最新首都城市全图》显示：湖南会馆在新桥附近内秦淮河边，东为钓鱼台，西为磨盘街，南为甘露巷，北为侍其巷，内有一所学校。占有今邦德快递、卫岗乳业、南京曙光化工集团、天衡拍卖有限公司及钓鱼台、磨盘街部分居民区。东临秦淮河，北至钓鱼台一二三巷、西到磨盘街小区、南跨中山南路。

三、周边

【侍其巷】位于磨盘街与钓鱼台之间。侍其是复姓，古时此地是侍其氏集居地，古称永安坊，坊名是祈求吉祥之意。与之相邻的沙湾（钓鱼台东南段），也曾称永安坊。两地近邻而重名，后此巷易名侍其巷（钓鱼台一二三巷）。原巷道西端筑有砖砌甓门，巷名镌上，以示醒目。

据说，所有侍其氏都出自汉之名臣郦食其。郦食其曾参加刘邦军队，献计攻克陈留，被封为广野君。楚汉战争中，在他出使劝说齐王田广归汉之际，韩信乘机袭齐。齐王以为郦食其使诈，大怒之下将其蒸死。后来刘邦夺取天下当了皇帝，想起郦食其的功劳，诏其曾孙，赐姓食其，以示对郦食其不忘之意，自此出现“食其”姓氏。郦食其的玄孙食其武，汉平帝时为侍中。又以官与氏合称。改“食其”而为“侍其”。

侍其巷中，宋代曾出现过两位名人：一是侍其瑀，一是侍其云叟。《凤麓小志》称：“侍其巷，宋有侍其氏居此。”此侍其氏，即北宋侍其瑀，江宁（南京）人，宋崇宁二年（1103）进士，诗文冠于乡里，以诗尤甚。主人经常与诗友迎来送往，相互以唱和为乐。每逢佳日，诗客盈门，故有“诗巷”雅称。侍其瑀居此期间，吟咏诗作多篇，引来文人墨客频频记诵。侍其瑀不但工诗，且品行也为众人推崇，因此，性格乖戾的著名诗人贺铸（1052—1125）主动与之交往。据说贺铸身长七尺，面呈铁色，容貌耸拔，人称“贺鬼”。因为任酒使气，为官不顺。晚年退居苏州，藏书万卷。

侍其云叟，上元（今南京）人，也住侍其巷中。侍其云叟所处之时，为王安石变法失败之后，国内矛盾越发激化，国家财政出现危机，而辽和西夏又不断侵扰。宋哲宗赵煦即位时年仅 8 岁，无论如何左右不了大局，社会动荡不安。正由于此，侍其云叟才在诗中发出了“世事屡变、鬓毛斑白”的慨叹，产生遁世思想。

侍其巷在明代有孔阁部贞运宅，俗呼孔天官家环碧园。太平天国定都天京后，此处为侍王李世贤的王府。天京陷落时，曾国藩曾驻节于此。后来湘军诸将买下此宅，作为湖南会馆。

侍其巷旧时曾一度讹为雉鸡巷，后因巷口位于钓鱼台 123 号，故更名为钓鱼台一二三巷。

【磨盘街】位于集庆路新桥西南侧。南起饮马巷，北至殷高巷。清同治《上江志》载，清代此处有多家专售磨盘的店铺，故名。

古时，人们食用面粉、豆制品，全靠石磨加工制作。大到作坊，小到每家每户都有石磨，市场需求量很大。磨盘街地处内秦淮河边，一年四季运输粮食和石料的船只往来不绝，自然成了制作磨盘商户的首选之地。从明至清，这里一直是生产磨盘的集散地，日子久了，人们便称之为磨盘街，沿用至今。

磨盘街10号曾是近代学者兼书画篆刻艺术家郦承铨的旧居。郦承铨（1904—1967），南京人，书香世家，早年受教于著名学者王伯沆先生，一生博学多才。从王伯沆钻研国学、诗文，从柳诒徵治史学，从吴梅攻习辞章，追随萧俊贤、梁公约学习山水、花卉画。精于书法帖学，博采众长，自成面目，正如吴伯匋先生所云："楷书清健挺秀，结体行气和雅，用笔使转合度。"1947年，郦承铨受聘为北京故宫博物院专门委员（书画），中华人民共和国成立后长期担任浙江省文物管理委员会主任。

中国成语典故的形成，往往和人们的生活密切相关。由于磨盘上刻有多条从石轴中心向四周延伸的凹槽，老南京人常用磨盘上的蚂蚁——条条是道，形容某人能言善辩，或处事办法之多。

【甘露巷】东起钓鱼台，西至磨盘街，中间有一支巷，南达饮马巷，合称甘露巷。此巷附近原有圆通庵，以佛降甘露而得名。

【钓鱼台】东起镇淮桥西，西北至新桥。旧名沙湾，又名沙窝。关于钓鱼台的由来：相传三国时孙权在太初宫广植石榴，夏季石榴花开，满树红红火火，甚是喜人。他经常与潘妃在石榴林游玩，并垂钓河中。一日，潘妃酒醉后爬坐树上，又将自己的指环取下挂在石榴枝上，孙权为取悦爱妃，便命人在此筑台建阁，取名"环榴阁"。其后，孙权与潘妃常于台上垂钓，遂将此台更名为钓鱼台。

又传，明初军师刘伯温梦见燕雀湖里有两条鱼精跑到秦淮河边大臣俞通海家，便告知朱元璋。朱元璋一听，于是下令要把秦淮河里的鱼都赶尽杀绝，一条都不留，便在秦淮河边设台钓鱼，也就有了钓鱼台。

【沙湾】在内秦淮河南岸钓鱼台与饮马巷交接处，即古时的永安坊。俗称"沙窝"，因秦淮河在此弯曲流过而得名。也有说因为南京方言"窝"和"湾"发音相近，"沙窝"变为"沙湾"。

沙湾在明、清时代是南京丝织业中心，因地处秦淮河边，用水便利且水质好。漂洗出来的丝颜色黝黑明快。《凤麓小志》称："机业之兴，百货萃焉。丝行则在沙湾，所以收南乡之土丝也。织玄缎者，以湖丝为经，而纬则用土丝。"土丝即本地南郊和句容、溧水等地丝品，为织玄缎之纬线；湖丝即浙江湖州、海宁等地丝品，为织玄缎之经线，可见古人对织品用材之讲究。自从曾国藩在南京设蚕桑局并提倡养蚕以后，土丝生产日益发展。沈葆桢任两江总督时，又向朝廷奏免南京丝捐，进一步促进了养蚕业和丝织业的兴旺。每到四五月间，蚕农们肩挑背负出售蚕茧，沙湾一带几乎家家户户收购蚕茧缫丝。沙湾附近的颜料坊、柳叶街、船板巷一带，成为南京丝绸染坊的集中地。

【新桥】位于集庆路与长乐路交会处，距今已有1000多年历史。此桥在唐朝时被称为“万岁桥”，唐朝诗人李益曾作《扬州送客》：“南行直入鹧鸪群，万岁桥边一送君。”到南宋乾道五年（1169），万岁桥重建，老百姓随口叫它为“新桥”。

当时“桥上造了几十楹房子，很像西方的廊桥，这些桥棚里经营熟的食品，一家接一家，人来人往，熙熙攘攘。桥的周围都是街市，有鱼市，花市，非常热闹。”至1256年，建康知府马光祖重建新桥，亲书桥榜。到明正德年间，在新桥旁住着一位御史大人，名叫李熙，号饮虹先生。因为人正直，上疏请诛大太监刘谨，被锦衣卫拿下，去了功名。刘谨死后，李熙未能平反，当地的百姓为此愤愤不平，改称新桥为“饮虹桥。”

【饮马巷】位于中华门西侧。东起钓鱼台东段，西至磨盘街。由原库司坊、小门口西段、饮马巷东段组成，1950年后统称饮马巷。史籍记述：“宋徽宗第九子赵构，初封广平郡王，后封康王。靖康二年（1127），金兵俘徽、钦二宗北去，残留官员拥立赵构于河南商丘即位帝王，为高宗。起初，他任用抗金派李纲为相，宗泽为将；后改任投降派黄潜善、汪伯彦为相。由于畏惧金人，随即渡江南奔，志在苟安。”相传在建康（今南京）期间，赵构曾经此地驻马小憩，并放马饮水，故有“饮马巷”之名。此后，他继续南下，建行都于临安（今浙江杭州），史称南宋。

又传，宋朝时候，金兀术攻入建康府，直奔内桥旧王府。“擒贼先擒王”，金兀术要活捉康王。哪知扑了空，王府里的人早已跑光。正在他乱转的时候，当街遇到一条气度不凡的汉子。金兀术立马就问：“你是何人？”对方回答：“建康府判杨邦乂！”“来得正好，快带我去搜寻康王，记你一功，做个府判。”杨邦乂不言语，金兀术带着人马紧跟其后……与此同时，康王领着一班臣子避开大道，悄悄沿着小路向南门而去。忽然，康王的坐骑烦躁不安，无论怎样勒紧缰绳也制它不住。这时一个稍懂养马之道的小臣说："皇上，想必是马走渴了，要饮水！"说完，牵着皇上坐骑来到井边，马在百姓的水缸里喝了个够。这条巷子后来便叫饮马巷。

清代至民国初期，库司坊南侧巷口有一空旷之地，东南隅有一口水井。当地居民为祈求安宁，于空地两侧各嵌入数口巨型水缸，雨天储水，晴天覆以铁盖，备用防止火灾，俗称"太平水缸"。故此巷曾名"保宁水仓"，后废，通称饮马巷。

【同乡共井】位于中华门西侧。南起陈家牌坊，北至饮马巷，因旧时有一名井而得名。

关于古井名字的由来，流传着一个故事，和著名的王、谢家族不无关系。西晋末年五胡乱华，北方一百余万官民南渡江南。晋太兴元年，王导辅佐司马睿建立东晋王朝，又将随东晋皇帝渡江的琅琊国同乡几千户人家安置于此，建立起没有县城的县，取名"怀德"，后迁至城北阴阳营一带。这口井原是王导所建，本意用以鞭策北方官民，只有风雨同舟，才能在江南站住脚跟并巩固政权。而稍后的谢安，因"淝水之战"立下大功而成名相。谢安同样鞭策南迁官民要同舟共济，后人就在这口井旁建立了谢公祠，同乡共井的井名和巷名渐渐流传下来。据清同治《上江志》载，清代曾有几户同乡迁此定居，共用一口井，且又组成同乡会，故名同乡共井。有人认为，同乡人共用一井水，命运紧密维系在一起，这就是"同乡共井"的内涵。另说，古时"井"是人口聚集的地方，村庄的通名。

同乡共井现有多处古建筑，5 号、6 号、15 号整体保存基本完好，其中李太和店为清代云锦机房。

【殷高巷】在集庆路东段路南。东起钓鱼台，西至鸣羊街。据民国《首都志》载，此巷原为蒋家苑、三步两桥和饮高巷三段，后合并称饮高巷，又改称殷高巷。

殷高巷出过不少名人，从现存的多处古建筑中可见一斑。其殷高巷 14 号，就是清光绪代理两淮盐运使、苏松太兵储道、驻英法意比四国大使、广东巡抚刘瑞芳府邸，人称刘钦差故居。

吴廷燮，江宁（南京）人。清光绪年间举人，历任太原府理事通判、同知、知府、巡警部郎中、内阁法制院参议，民国时期任大总统府秘书、国务院统计局局长、清史馆总纂等。吴少承家学，博览群书，尤熟于历代掌故及西北、东北地理，著述宏富。晚年居住殷高巷。原殷高巷 53 号，曾是清末民初南京籍名医戴春恒故居。

殷高巷南侧有水斋庵。清同治《上江志》载，此处曾有禹王庵。庵内有口水井，清澈，甘甜，终年不涸，后人又称水斋庵。

四、人物

【孔贞运】（1574—1644），明朝大臣、诗文家，字开仲，号玉横，江左池州府建德县（今安徽省东至县）人，孔闻敕次子。孔贞运于明万历四十年（1612）以句容客籍举应天乡试。明万历四十七年（1619）登已未科殿试一甲第二名（榜眼），赐进士及第，授翰林院编修。明泰昌元年（1620）同伯兄贞时纂修《神宗实录》并六朝奏章。熹宗时又纂修《光宗实录》。明天启七年（1627）朝廷按其资格允原衔，充日讲起居注官。其时魏忠贤把持朝政大权，陷害忠良。朝臣多按魏的意图行事，贞运不畏权势，不与魏往来。明崇祯元年（1628），任国子监祭酒。明崇祯九年（1636），官至礼部尚书兼文渊阁大学士，不久又加封太子太保，代为辅相。明崇祯末年，贞运忧劳成疾，辞官归里。明亡，贞运不胜哀恸，不久病故。编著有《词林典类》等书。

【曾国藩】（1811.11.26—1872.3.12），初名子城，字伯涵，号涤生，宗圣曾子七十世孙。中国近代政治家、战略家、理学家、文学家，湘军的创立者和统帅。与胡林翼并称曾胡，与李鸿章、左宗棠、张之洞并称“晚清四大名臣”。官至两江总督、直隶总督、武英殿大学士，封一等毅勇侯，谥曰文正。太平天国运动时，曾国藩组建湘军，力挽狂澜，经过多年鏖战后攻灭太平天国。其一生奉行为政以耐烦为第一要义，主张凡事要勤俭廉劳，不可为官自傲。他修身律己，以德求官，礼治为先，以忠谋政，在官场上获得了巨大的成功。曾国藩的崛起，对清王朝的政治、军事、文化、经济等方面都产生了深远的影响。在曾国藩的倡议下，建造了中国第一艘轮船，建立了第一所兵工学堂，印刷翻译了第一批西方书籍，安排了第一批赴美留学生，是中国近代化建设的开拓者。

【彭玉麟】（1816.12.14—1890.3.6），字雪琴，号退省庵主人、吟香外史，祖籍

衡永郴桂道衡州府衡阳县（今衡阳市衡阳县渣江），生于安徽省安庆府（今安庆市内）。清朝著名政治家、军事家、书画家，人称雪帅。与曾国藩、左宗棠并称“大清三杰”，与曾国藩、左宗棠、胡林翼并称“中兴四大名臣”，湘军水师创建者、中国近代海军奠基人。官至两江总督兼南洋通商大臣，兵部尚书，封一等轻车都尉。清道光末参与镇压李沅发起事。后投曾国藩，分统湘军水师。半壁山之役，以知府记名。以后佐陆军下九江、安庆，改提督、兵部右侍郎。清同治二年，督水师破九洑洲，进而截断天京粮道。战后，定长江水师营制，每年巡阅长江，名颇著。中法战争时，率部驻虎门，上疏力排和议。1890 年 3 月，病卒于衡州湘江东岸退省庵。赐太子太保，谥刚直，并建专祠。彭玉麟于军事之暇，绘画作诗，以画梅名世。他的诗后由俞曲园结集付梓，题名《彭刚直诗集》（八卷），收录某诗作 500 余首。

【曾国荃】（1824—1890.9），字沅甫，曾国藩的九弟，晚清名将，湘军主要将领之一，因善于挖壕围城有“曾铁桶”之称，官至两江总督、太子太保。1863 年擢升浙江巡抚，定计直取天京，攻敌之所必救。1864 年 7 月攻陷天京，擒获洪仁达、李秀成等大小头目三千人。曾国荃纵兵焚烧抢掠 7 天 7 夜，血洗全城。是年，曾国荃因为功高多谤，称病开缺回籍。1865 年 6 月起用为山西巡抚，12 月调湖北巡抚。1866 年 7 月奉命帮办湖北军务，镇压新捻军，成为捻军最危险的敌人。次年 5 月因剿贼无功摘去顶戴，10 月因病请假开缺，12 月因东捻平定恢复顶戴。1875 年（光绪元年）再次启用为陕西巡抚，历任河东河道总督。1876 年，调任山西巡抚，正好遇到大旱，曾国荃先后赈银一千三百万两、米二百万石，活饥民六百万，民众感其恩德，为立生祠。1880 年，告病乞归。1881 年，授陕甘总督兼兵部尚书衔，赴山海关治防。1882 年，署两广总督。1883 年，赐紫禁城骑马。1884 年，历任署礼部尚书、两江总督兼通商事务大臣。1885 年，京察，以曾国荃卓著勋勤，开复处分。1889 年，慈禧太后归政，推恩加太子太保。1890 年 9 月，在南京病卒于任上，终年 66 岁。赠太傅，赐金治丧，命江宁将军致祭，谥“忠襄”，入祀北京昭忠祠、聚良祠，并在湖南原籍、江苏省城建立专祠。

【刘坤一】（1830.1.21—1902.10.6），字岘庄，湖南新宁人。清朝后期军事家，政治家。1855 年，刘坤一在太平天国动乱期间参加乡勇团练，加入湘军征讨太平军，带领湘军立下战功，而由廪生逐级升为教谕、知县、知州、知府、广东按察使及广西布政使，1864 年升江西巡抚。1874 年，调署两江总督。1875 年 9 月，授两广总督，次年兼南洋通商大臣。1891 年，受命“帮办海军事务”，并任两江总督。1901 年，与张之洞连上三疏，请求变法，提出“兴学育才、整顿朝政、兼采西法”等主张，称“江楚三折”，多为清廷采纳。1902 年 10 月病逝，被清廷追封为一等男爵，加赠太傅，赐谥“忠诚”。有《刘坤一集》传世。

【赵烈文】（1832—1893），字惠甫，号能静，江苏常州人，出身官宦世家。数入曾国藩幕府，深受倚重，二人几乎无话不谈。赵烈文是曾国藩事业高峰时期的核心幕宾，从湘军攻克安庆至克复南京以及其后一段时间，他都在曾氏兄弟幕中，其所参谋、赞画的事务，“往往关天下大计”。后经曾保奏，先后出任磁州、易州知州。曾国藩去世后，力请辞官，退居常熟虞山，营宅舍曰能静居。

【王闿运】（1833—1916）晚清经学家、文学家。字壬秋，又字壬父，号湘绮，世称湘绮先生。清咸丰二年（1852）举人，后入曾国藩幕府。1880 年入川，主持成都尊经书院。后主讲于长沙思贤讲舍、衡州船山书院、南昌高等学堂。授翰林院检讨，加侍读衔。辛亥革命后任清史馆馆长。其为人狂狷谐谑，轶闻甚多。门生众多，在教育事业上颇有成就，较著名的弟子有杨度、夏寿田、廖平、杨锐、刘光第、齐白石、张晃、杨庄等。著有《湘绮楼诗集》《文集》《日记》等。

【李世贤】（1834—1865.8.23），广西藤县大黎乡人，太平天国后期名将，忠王李秀成的堂弟，被太平天国天王洪秀全封为“侍王”。1851 年参加太平军，英勇善战。太平天国经过天京事变及翼王石达开带兵出走后，李世贤开始受到重用，1857 年升左军主将。1860 年与陈玉成等合力消灭清军江南大营，封为侍王雄千岁，爵称“天朝九门御林军忠正京卫军侍王”。次年对左宗棠作战失利，转攻浙江，连克严州（治今建德）、处州、台州（治今临海）、宁波，5 月 28 日攻克金华后，以金华为中心建立太平天国浙江根据地。后奉天王洪秀全命，增援天京，在溧阳、句容。1864 年溧阳失守，转战江西。天京陷落后，率汪海洋、陆顺德等经广东入福建，在漳州一带坚持斗争，斩清福建提督林文察等。次年春，左宗棠率重兵分路围攻，力战不敌，撤至永定，清兵尾追，往镇平（广东蕉岭）投汪海洋，汪因畏罪而于 8 月 23 日将他杀害。

【**吴汝纶**】（1840—1903），字挚甫，一字挚父，安徽省桐城县（今枞阳县会宫镇老桥村吴牛庄）人，晚清文学家、教育家。清同治四年进士，授内阁中书。曾先后任曾国藩、李鸿章幕僚及深州、冀州知州，长期主讲莲池书院，晚年被任命为京师大学堂总教习，并创办桐城学堂。与马其昶同为桐城派后期主要代表作家。其主要著作有《吴挚甫文集》四卷、《诗集》一卷、《吴挚甫尺牍》七卷、《深州风土记》二十二卷、《东游丛录》四卷。

【**杨琪光**】生卒年月不详，字仲琳，晚清湖南武陵人，江苏候补道台。有《杜川全集》六种，清光绪武陵杨氏刻本，含《经义寻中》十二卷,《百子辨正》二卷,《博约堂文钞》十一卷,《瑞芝室家传志铭》二卷,《读史臆说》五卷,《带星草堂诗钞》一卷。父亲杨彝珍，字湘涵，一字性农。清道光三十年（1850）进士，官兵部主事。著有《移芝室诗钞》一卷、《移芝室全集》等。

五、艺文

金陵湖南会馆记

杨琪光

还故宅者望门里而足声跫然，适异国者闻乡音而笑言哑哑，此恒情所同，固无假黾勉矫饰也。然令其离居索处，势涣情为不昵，以故都门暨各行省以及诸钜镇均有乡馆之设。我湘省星躔翼轸，山耸衡岳、九嶷，水汇湘、资、沅、澧、洞庭，固常聚精英而毓生奇伟，惟辖地狭隘，游走四方者，不敌他省之半，集会区恒附寄于鄂。

粤自赭寇祸邕管，浸淫我湘衡，由是漏重湖，陷鄂陷皖，穴有金陵为老薮。众督师逐之者，复屯连垒，相望于郊，兵顿甲敝，致驱虎之俦，资生息衍，已余十稔。吾乡曾太傅募乡众东下，毅将名宿如云，扶身士卒盈数十万，转战数州，屡剪犄角，后驻节安庆，属一二嘍啨宿将，率攻金陵城堡，蹙绝粮糈，贼势始困，未几克之，歼荡凶梗，获完金瓯于国家。

是时我乡锡爵者不一，数握符节主控者尤不可枚举，余获翎顶者数千百计，以故技击列颜行者亦非尽白徒役夫矣。于是士欢马腾，人人吉语，思谋筑馆为食饮之所。曾公威毅伯暨彭宫保首捐若干缗，购城南民宅而加涂塈焉。

中为殿三楹，四分为修，妥夏后氏灵于中栋，缘吾楚旧例，旁附祀社主，东修为永巷，袤四寻有咫，崇去四之二，广损三之一，侧壁垩以白盛，面缘楹为槛，涂丹漆焉。殿前为厅，楹数视殿，袤广亦准之，去二尺为之崇。又后循永巷而入，为楼二，祀文昌暨大士，楼崇修如厅，广差减之。由殿阶而东入复为堂，为筵宾地，堂前杂莳花卉，再筑以台，备歌舞妥觞用，前供俸太傅栗主，示不諠也。堂后列邃宇六楹，主门牡者宅眷焉，袤广不及殿厅，崇亦杀之，旁翼以回廊曲室。由楼西阶而入，上方为素香亭，面凿曲沼，春夏水深可及脐或及臀。垒怪石于沼侧，若虎豹之张踞牙，若龙蛟之腾起于渊薮，若狮象之蹲峙，骤睹之皆可骇目。横池以桥，渡之为留云舫，为轩冕行观，亦不久憩，如云之停，俄倏即逝也，榜以示意。前后荫古木数株，或拱或抱，或数围，大者近百年物也。迤北为复寝重屋，合殿后楼宇，可居旅食者百数人。又环以圃，宜蔬、宜桑，四时禽鸟环集焉。南出为亭，亭迤东前为堂，制如东堂而狭。殿厅中出为门，内厕以廊庑，又迤东连以小舍，别为门，门焉者居焉。馆周缭以甓垣，垣前余壤纵十有二常有奇，广三之半，三面植墙为屏蔽，东西为门，以备出入。又倚墙为台，春秋演乐怡神，即于是焉在。馆旁数十落，则为租息之所矣。

当馆之成，人趋之为盈，太傅时督于兹，月一周视，踵客所而诘其起定，盖阴物色而加以委使焉。公之生平得识人士材否，亦由此类也。逮谢世亭馆少寂矣。近以连驻三督皆吾乡人，来馆者更有稠满之患，亦可见吾楚南之材众未艾也。

兹馆肇事于同治某年月日，迄今垂二纪，向未有记。琪光来宁，数旅于兹，虞年世久远，莫识由来，因叙其缘起，且以载诸公之勤勤乡谊，以谂来者，俾有永不忘焉。其输金多寡基据起讫已别有载，故不赘。

曾国藩题金陵湖南会馆联

地仍虎踞龙盘，洗涤江山，重开宾馆；

人似澧兰沅芷，招邀贤俊，同话乡关。

曾国藩题金陵湖南会馆戏台联

荆楚九歌，客中聊作枌榆社；
江山六代，劫后重闻雅颂声。

境讶虎溪，绿水一江环净域；
地称鹫岭，青山万点拥禅关。

吴汝纶题金陵湖南会馆联

泛洞庭湖八百里秋波，挂席来游，三楚风涛携袖底；
邀太白楼一千年明月，凭栏远眺，六朝烟景落樽前。

十三经，廿四史，十载寒窗，未脱得那领蓝衫，愧把白身偕绿鬓；
甲子年，癸酉月，甲戌良辰，且牵着这条红线，行看黄榜点朱衣。

彭刚直题金陵湖南会馆联

栋梁莘杞梓梗楠，带来衡岳春云，荫留吴地
支脉浙沅湘资澧，分得洞庭秋月，照彻秦淮

投馆复如归，与君尽是江南客；
逢春犹在我，何人不起故国情？

洞庭八百里，浩渺烟波，直下大江，觞咏齐思建业水；
衡岳七二峰，葱茏佳气，挺生名世，楼台重启秣陵春。

入门尽是乡音，彼此天涯同做客；

适馆欣依夏屋，清凉山色解迎人。

彭刚直题金陵湖南会馆戏台联

六代名都，丝竹犹闻清夜月；

三闾遗韵，风骚应识故乡音。

王湘绮题金陵湖南会馆联

吾道南来，原是朱程一脉；

大江东去，无非湘水余波。

跋

辛丑夏，南京“新冠”疫情暴发，吾在钓鱼台为志愿者，或帮核酸检测，或在小区值守，数月间，往来于湖南会馆遗址处。此地一厂内尚存一厅，厅门、窗楹不存，梁瓦欲倾、地面积尘盈寸，破败不堪。然而，从规模上看，尚可想象出当初的宽敞宽大与辉煌。吾问守门人，此何建筑，但云“文物”，不知其余。出其门，问一众居民，皆不明所以。吾叹矣！窃以为湖南会馆建筑遗存。

吾尝读《曾国藩日记》，本欲查阅江南官书局事，但见书中数处记有湖南会馆，于是，摘录存于电脑之中。又读其他史书，亦将同类资料归于一处。今日观之，似可证现存钓鱼台湖南会馆之旧物。

斯人已去，会馆不再。秦淮繁华远胜当年。述过往旧事，忆文采飞扬，存会馆鸿爪于一隅，以待后人再续，不亦乐乎！辛丑冬日，金毓平于金陵悦动新门西。

碑文点校

金陵花露岗妙悟律院碑铭并序

马昌颐 撰　杨献文 点校

盖闻人有难忍能忍之量，必建难成能成之功。若既成之后而更得继志，述事以永其传，此固未易数观也。吾于妙悟律院明禅长老，暨（及）安静律师之后先辉映，有足述焉。

庵在乱前，屋不过数楹，藉蔽风雨；僧不过老衲，聊响鼓钟，曾未有杰阁广殿，大德名流一寓其间。兵燹归来，荆棘丛中三间破屋，都人视为无足轻重，长老见而爱之。语众曰：贫衲有母，志终余年，非居此荒寒境，无以自全。同治四年夏，奉母龚太宜人小住其间。太宜人，名门世族，虽寄迹空桑，年逾花甲而辟蒿莱，操井臼，未尝一日辍。故长老得精研释典，广应佛事，遂以经忏门庭，甲于省会。八年春，造大殿、韦驮殿、祖堂／寮房等殿宇，崇弘民居，低狭物议沸腾。太宜人训长老曰：菩萨六度忍度最好，处世能忍，有志竟成，汝其勉之。

先是，庵后有天井，命工人一循旧制，已筑围矣，邻人利其地，迫令折让，土著皆恤旧谊，莫肯直陈长老，祝神曰：基非庵产，夫复何言徜为佛地，终为庵有。未几而强争者，不能有售。诸僧势不可无，已转鬻他邻，他邻又不能有，终归之庵。浚沟掘得钵盂、铃盘，数事皆非俗有。长老指示曰：十载疑团今朝释矣！其造地藏、观音、炎帝各殿皆止而复成，后起大楼，群魔兴波，觊觎者、泄忿者，纷然踵起。长老一遵太宜人训，以忍辱成事，谓余曰：斯楼非我手莫能办，非汝力不能成。汝其助我，毋使我生前志愿殁后消灭，死不目瞑则幸甚，故余不避嫌怨，从事其间及化险为夷，覆篑成山，不知几经容忍，始偿厥志。故以学忍二字额其门焉。

尝谓，阀阅子孙，一转瞬而沦于皂隶，连云甲第，一刹那而权属他人。江南地薄，鲜有数传者，私其所亲，故兴衰无常。我欲以法相传，公诸所有，若及身而开丛林、挂钟板，非敢奢望，将来遇有达人，亦未可知，故分灯古林，凡剃度子孙概不得与此。后二十年来无一恰长老意者，固属人材难得，亦由付嘱大事，遴选独严耳。

暮年，得安静，一见即契。自欣负托得人，而安静慎重逾恒，谓长老忍辱、艰苦创此门庭，继其后者荷担，匪轻让贤，为辞。未几，长老九华归来，卧床不起，病革，集僧俗，命以位逊安静。斯时，安静谊不容辞，敬承遗命，誓弘先绪，茹苦含辛，历六七年，翻盖韦驮、地藏、观音诸殿成。大楼未竟之工，复建接引殿，造弥陀丈六金容一尊，并文殊、观音丈像各一。庵内水井亦其自凿，甘泉无竭，僧俗利赖。建屋浚沟，胼手胝足，不惮烦瘁，谓非善继人之志，善述之事者欤。彼长老一生事，实安静已寿贞珉，兹欲以创业历史，垂示来哲，而余自弱冠与长老游，知久契深。其生平之持躬俭约，处世谦和，遇有婚丧，解囊济困，彼身受者，自铭肺腑，固无俟余赘述。至安师之克承先志，卒树伟业，有不能已于言者。爰书俚词铭曰：

功德庄严，弘愿大志，创业艰辛允矣！美备灯分，古林戒律。攸寄负荷，匪轻伊谁克嗣？维我明老，法门大器，亦越安师，丕振先绪。

继述曰：贤性坚德，至昭示来！兹永传弗替。